服装高等教育"十二五"部委级规划教材（高职高专）

服装出口贸易实务

张芝萍　主编

卢素梅　滕紫娜　樊斐婕　副主编

中国纺织出版社

内 容 提 要

本书按照项目式教材编写方式编写，以服装外贸出口业务的工作流程为主线，设计九个学习情境。内容包括服装出口交易前准备、出口价格的核算、出口合同标的条款的磋商、出口合同运输和保险条款的磋商、出口合同支付条款的磋商、出口合同检验及其他条款的磋商、出口合同的签订、出口合同的履行和出口业务善后，具有较强的实践性、操作性和针对性。

本书可供高等院校服装专业、外贸专业和其他相关专业的学生学习使用，也可供成人院校相关专业的学生及有志于从事服装出口贸易的人员自学使用。

图书在版编目（CIP）数据

服装出口贸易实务/张芝萍主编. —北京：中国纺织出版社，2012.5

服装高等教育"十二五"部委级规划教材. 高职高专

ISBN 978-7-5064-8399-5

Ⅰ.①服… Ⅱ.①张… Ⅲ.①服装出口—贸易实务—高等职业教育—教材 Ⅳ.①F746.83

中国版本图书馆 CIP 数据核字（2012）第 044801 号

策划编辑：张晓芳　　责任编辑：张　璞　　责任校对：余静雯
责任设计：何　建　　责任印制：陈　涛

中国纺织出版社出版发行
地址：北京东直门南大街6号　邮政编码：100027
邮购电话：010—64168110　传真：010—64168231
http://www.c-textilep.com
E-mail：faxing@c-textilep.com
三河华丰印刷厂印刷　各地新华书店经销
2012年5月第1版第1次印刷
开本：787×1092　1/16　印张：11.75
字数：234千字　定价：29.80元

凡购本书，如有缺页、倒页、脱页，由本社图书营销中心调换

出版者的话

《国家中长期教育改革和发展规划纲要》（简称《纲要》）中提出"要大力发展职业教育"。职业教育要"把提高质量作为重点。以服务为宗旨，以就业为导向，推进教育教学改革。实行工学结合、校企合作、顶岗实习的人才培养模式"。为全面贯彻落实《纲要》，中国纺织服装教育学会协同中国纺织出版社，认真组织制订"十二五"部委级教材规划，组织专家对各院校上报的"十二五"规划教材选题进行认真评选，力求使教材出版与教学改革和课程建设发展相适应，并对项目式教学模式的配套教材进行了探索，充分体现职业技能培养的特点。在教材的编写上重视实践和实训环节内容，使教材内容具有以下三个特点：

（1）围绕一个核心——育人目标。根据教育规律和课程设置特点，从培养学生学习兴趣和提高职业技能入手，教材内容围绕生产实际和教学需要展开，形式上力求突出重点，强调实践。附有课程设置指导，并于章首介绍本章知识点、重点、难点及专业技能，章后附形式多样的思考题等，提高教材的可读性，增加学生学习兴趣和自学能力。

（2）突出一个环节——实践环节。教材出版突出高职教育和应用性学科的特点，注重理论与生产实践的结合，有针对性地设置教材内容，增加实践、实验内容，并通过多媒体等形式，直观反映生产实践的最新成果。

（3）实现一个立体——开发立体化教材体系。充分利用现代教育技术手段，构建数字教育资源平台，开发教学课件、音像制品、素材库、试题库等多种立体化的配套教材，以直观的形式和丰富的表达充分展现教学内容。

教材出版是教育发展中的重要组成部分，为出版高质量的教材，出版社严格甄选作者，组织专家评审，并对出版全过程进行跟踪，及时了解教材编写进度、编写质量，力求做到作者权威、编辑专业、审读严格、精品出版。我们愿与院校一起，共同探讨、完善教材出版，不断推出精品教材，以适应我国职业教育的发展要求。

中国纺织出版社
教材出版中心

前言

我国是世界上最大的服装出口国和生产国,服装出口占世界服装出口额的20%以上,占全国商品出口总值的10%以上。纺织品服装出口企业达3万多家,因此,需要大批懂服装出口贸易操作的人才。而服装产品因其特性,在样品准备、备货、检验、包装等诸多环节与其他产品在出口贸易操作过程中有诸多的不同,本书正是根据这一现实需要而编写的。

本书打破以知识体系为线索的传统编写模式,在对服装出口企业进行大量调研、分析的基础上,以一单服装出口业务的工作流程为主线,以工作任务为引领进行内容的设计和编排。全书共设计九个学习情境,每个学习情境的组织结构为学习目标(包括能力目标、知识目标)、工作情景、任务描述、知识准备、操作示范、跟学训练及课外拓展。在每个学习情境下,首先设立学习目标,让读者明确学习的能力目标和知识目标,接着围绕目标的实现设置相应的工作情景,然后布置任务,让读者带着任务去学习相应的知识,在具备相关知识后,先进行操作示范,然后让读者跟着进行训练,为了让读者进一步巩固所学的知识和技能,开阔视野,还设置了课外拓展的内容。

总之,本书将从事服装出口贸易需要掌握的知识和技能包含在一个或几个具有代表性的任务中,使读者在完成一个个具体的工作任务中,掌握这些知识和技能。强调"任务"的目标性和学习情境的创建,使读者带着真实的任务在探索中学习,激发学习兴趣,注意理论联系实际,注重职业技能和综合素质的培养,体现理论与实践的统一,通过学习,了解服装出口业务的工作流程,熟悉与出口业务相关的国际贸易惯例,掌握从事服装出口业务的基本技能和操作方法。

本书的课时安排是:服装出口交易前准备,4～6课时;服装出口价格的核算,8～10课时;服装出口合同条款的磋商——标的条款,4～6课时;服装出口合同条款的磋商——运输和保险条款,6～8课时;服装出口合同条款的磋商——支付条款,8～10课时;服装出口合同条款的磋商——检验及其他条款,4～6课时;服装出口合同的签订,4～6课时;服装出口合同的履行,8～10课时;服装出口业务善后,4～6课时。

本书由浙江纺织服装职业技术学院商学院的张芝萍教授任主编,负责全书的统稿及修改,并负责学习情境二和学习情境五的编写,浙江纺织服装职业技术学院商学院的卢素梅老师负责编写学习情境一、学习情境三和学习情境四，浙江纺织服装职业技术学院的滕紫娜老师负责编写学习情境六和学习情境八，浙江纺织服装职业技术学院的樊斐婕老师负责编写学习情境七和学习情境九。

  本书在编写过程中，参考了同类教材和有关论著，在此，表示真诚的谢意，书中存在的不足之处，敬请各位专家、学者批评指正。

编者

2011 年 11 月

目录

学习情境一：服装出口交易前准备 ··· 001
  一、学习目标 ··· 001
  二、工作情景 ··· 001
  三、任务描述 ··· 001
  四、知识准备 ··· 001
  五、操作示范 ··· 008
  六、跟学训练 ··· 009
  七、课外拓展 ··· 009

学习情境二：服装出口价格的核算 ··· 010
  一、学习目标 ··· 010
  二、工作情景 ··· 010
  三、任务描述 ··· 010
  四、知识准备 ··· 012
  五、操作示范 ··· 029
  六、跟学训练 ··· 032
  七、课外拓展 ··· 033

学习情境三：服装出口合同条款的磋商——标的条款 ··· 035
  一、学习目标 ··· 035
  二、工作情景 ··· 035
  三、任务描述 ··· 035
  四、知识准备 ··· 035
  五、操作示范 ··· 051
  六、跟学训练 ··· 052
  七、课外拓展 ··· 052

学习情境四：服装出口合同条款的磋商——运输和保险条款 ········ 053
  一、学习目标 ········ 053
  二、工作情景 ········ 053
  三、任务描述 ········ 053
  四、知识准备 ········ 053
  五、操作示范 ········ 076
  六、跟学训练 ········ 077
  七、课外拓展 ········ 077

学习情境五：服装出口合同条款的磋商——支付条款 ········ 079
  一、学习目标 ········ 079
  二、工作情景 ········ 079
  三、任务描述 ········ 079
  四、知识准备 ········ 079
  五、操作示范 ········ 097
  六、跟学训练 ········ 097
  七、课外拓展 ········ 098

学习情境六：服装出口合同条款的磋商——检验及其他条款 ········ 099
  一、学习目标 ········ 099
  二、工作情景 ········ 099
  三、任务描述 ········ 099
  四、知识准备 ········ 099
  五、操作示范 ········ 115
  六、跟学训练 ········ 115
  七、课外拓展 ········ 116

学习情境七：服装出口合同的签订 ········ 117
  一、学习目标 ········ 117
  二、工作情景 ········ 117
  三、任务描述 ········ 117
  四、知识准备 ········ 117
  五、操作示范 ········ 132
  六、跟学训练 ········ 134
  七、课外拓展 ········ 135

学习情境八：服装出口合同履行 ······ 136
 一、学习目标 ······ 136
 二、工作情景 ······ 136
 三、任务描述 ······ 136
 四、知识准备 ······ 136
 五、操作示范 ······ 154
 六、跟学训练 ······ 154
 七、课外拓展 ······ 156

学习情境九：服装出口业务善后 ······ 168
 一、学习目标 ······ 168
 二、工作情景 ······ 168
 三、任务描述 ······ 168
 四、知识准备 ······ 168
 五、操作示范 ······ 174
 六、跟学训练 ······ 174
 七、课外拓展 ······ 175

参考文献 ······ 176

学习情境一：服装出口交易前准备

一、学习目标

1. 能力目标
(1) 能合理选择国内供应商
(2) 能正确选择国外需求商
(3) 能获取各种交易会信息
(4) 能收集各种样品
(5) 能与客户建立业务关系

2. 知识目标
(1) 熟悉国际国内市场调查方法
(2) 了解寻找客户的途径
(3) 掌握收集样品的方法

二、工作情景

宁波威联进出口贸易有限公司（Ningbo Weilian Import and Export Trading Co. Ltd）成立于1991年，主要经营各类服装，公司在获得进出口经营权的前提下，欲将羽绒服推向国外市场，总经理张聚贤（Juxian Zhang）将任务交给公司业务员陈明（Ming Chen）全权负责。

三、任务描述

工作任务一：国际国内市场调查
要求：根据上述背景资料，从多角度进行羽绒服的国际市场调查，寻找目标市场。
工作任务二：寻找客户
要求：比较多家经营羽绒服进口业务的国外公司，锁定目标客户。
工作任务三：样品及出口文件准备
要求：制作羽绒服样品和产品宣传册，为便于今后的产品介绍。

四、知识准备

在进行出口交易前，为了正确地贯彻政策，完成出口计划任务，提高经济效益，除应妥善安排和落实出口货源外，还须做好必要的准备工作。这些工作主要包括：选择适合的销售市场，做到适销对路；找出成交可能性最大的合适客户，在选择客户时，要对其资信情况进行全面调查，分类排队，建立和发展客户关系；制定出口经营方案，开展广告宣传以及商标注册等。准备工作做得好与不好，对出口计划的完成和每笔交易的成败有着密切的关系。

（一）销售市场调研

不同的国家和地区的经济发展水平、文化、宗教信仰各不相同。交易前，需要对目标市场进行选择，以便顺利进入市场，推动业务的不断开展。为了选择适当的销售市场，应首先做好资料收集，然后进行调查研究工作。

1. 资料和信息收集

搜集资料的工作是调研工作的基础。资料的主要来源有以下几个方面：各国的电讯、报刊杂志和相关专业性书刊；各国管理进出口贸易部门、银行、研究团体和商会定期或不定期发表的报告或材料；向国外商业咨询机构交纳一定的费用，委托其调查或提供有关材料；通过我驻外机构或客户进行实地调查。在日常业务活动中，可通过来往的函电或者当面谈判，分析客户的反映和市场动态等。

调研信息的主要来源有：

①一般性资料，如一国官方公布的国民经济相关数据和资料，内容包括国民生产总值、国际收支状况、对外贸易总量、通货膨胀率和失业率等。

②国内外综合刊物。

③委托国外咨询公司进行行情调查。

④通过我国外贸公司驻外分支公司和商务参赞处，在国外进行资料收集。

⑤利用交易会、各种洽谈会和客户来华做生意的机会了解有关信息。

⑥派遣专门的出口代表团、推销小组等进行直接的国际市场调研，获得第一手资料。

⑦网上查询：把企业名称输入，看网上是否能查到（查不到，说明该公司实力不够强或为皮包公司）及该企业网上登记的资料是否齐全等来判断企业情况。

2. 研究分析

对国外销售市场调查研究，应以各个具体的出口商品为对象，了解各个市场的基本特点，研究市场变动规律，估计市场供求关系和价格的变动趋势。

（1）对市场适销品种的研究

在国外同一销售市场上，销售着各国同类的商品。它们在品质、规格、花色品种、包装等方面都不完全相同，对市场的适销情况也不一样。我们应摸清这些不同品种对市场的适销情况，特别要研究市场畅销、竞争商品的特点，以便使出口商品更加适应市场的需要，增强出口商品的适销性。同时，还要了解国外产品的先进生产技术和工艺水平，听取国外经营者和消费者对出口商品品质、规格等方面的反馈和意见，以便协助生产部门研究改进商品质量，以利扩大出口。

（2）对市场供求关系的研究

市场供求关系的变动，对出口商品的销售和价格的制定有着直接的影响。选择销售市场，应深入研究供求关系的变化。

国际市场商品供求关系的变化是极不平衡的，时而供过于求，时而供不应求。但是，各种商品供求关系变动的基本趋势是受生产周期发展规律支配的。同时，各种商品生产周期的长短、季节性变动、消费者的习惯偏好等多方面因素，对供求关系的变动也有一定的影响。因此，研究各销售市场供求关系变化时，应在掌握其基本发展趋势的基础上，结合当前市场条件和我商品出口情况进行具体分析，搞清商品的供应来源和需求方向，以及供求的数量变化，做到比较确切地掌握市场容量和当前市场供求变化的特点，以便为出口商品选择最适当的销售市场，使商品在市场上立于不败之地。

（3）对市场价格的研究

商品市场发生的种种变化，往往都会通过价格的波动表现出来。同时，价格的波动反过来又会影响市场的变动。因此，对市场价格的研究，是我们对国外销售市场调研的主要内容之一。国际市场价格是一个复杂的概念，要注意其特定含义。

研究国际市场的价格，首先要掌握价格变动的基本规律，特别是在估计价格的长期变动趋势时，更要注意价值和价格之间的变动关系。国际市场价格的剧烈波动，除去受价值变动的作用外，还经常地受政治的、经济的和自然的多种因素的影响。诸如市场供求关系的变化、垄断和竞争、投机性活动、国家的相关法律法规等，都会引起市场价格的波动。

对国外销售市场的调研，除了包括上述各项内容外，有关各个市场的商业习惯、销售渠道、市场竞争、消费者心理、当地的外贸管制法令、关税税率、航运港口等情况也属调查研究的范围。为了做到心中有数，把生意做活，还应对我商品销售的可能性、存在的问题以及应采取的措施等进行认真分析。

3. 选择适当的目标销售市场

进行上述调查研究的重要目的之一，就是要选择适当的目标销售市场，以便确定商品出口的地理方向和市场布局。在选择市场时，首先必须注意贯彻对外贸易方针政策，特别是国别（地区）政策。在符合政策原则的前提下，也应注意出口经营的经济效益，其中包括销售数量的大小、价格的高低、现汇还是记账贸易等因素。其次，要根据各个商品的具体情况和经营意图，对销售市场进行合理的布局，既要考虑到当前，又要考虑到未来的发展趋势。在确定安排主销市场的同时，也要适当安排辅销市场，以便做到有主有辅，互相补充，避免在主销市场发生变化时，造成销售困难的被动局面。

但应注意，主销市场和辅销市场并非是固定不变的，随着各种情况的变化，它们在一定条件下是可以互相转化的。再次，在安排销售市场时，应根据不同市场的特点，既要注意巩固传统市场，又要不断开辟新市场；既要注意抓当前销量较大的市场，也要注意转口量较大的市场。总之，对市场的选择安排，应做到全面考虑，合理布局。

(二) 制定经营方案

为了做好交易前的准备工作，使对外洽商交易有所依据，一般都应事先制定经营方案，尤其是参加大型谈判，更需制定完整的经营方案。出口商品经营方案，是根据对外贸易政策原则，在对市场调查研究的基础上，按照出口计划的要求，对某种商品（或某一类商品）在一定时期内出口推销的设想和全面安排，它是经营出口业务的依据。目的是为了完成某种或某类的商品出口任务而确定经营意图、需要达到的最高或最低目标以及为实现该目标所应采取的策略、步骤和做法。它是对外洽谈人员在工作中应遵循的依据。

经营方案一般包括如下内容：

(1) 货源情况

包括国内生产和供应状况，出口商品的品种、规格、包装等情况，以及需要解决的问题。

(2) 国外市场的情况

包括对当前市场的分析和对今后一定时期内发展趋势的预测等。

(3) 出口经营情况

包括前一个时期出口推销的情况及存在的问题，并根据上述情况进行综合分析，提出具体经营意见。

(4) 推销计划安排

包括分国别（地区）、按品种、数量或金额列明推销的计划进度。

(5) 计划采取的措施

包括对客户的利用、收汇方式的运用，对价格、佣金和折扣的掌握等。

一般情况下，对大宗商品或重点推销的商品应逐个制定商品经营方案；对其他商品可以按商品大类制定经营方案；对一些中小商品，可以制定内容较为简单的价格方案，仅对市场和价格提出分析意见，并规定对各个地区的出口价格及其掌握的原则和幅度。

经营方案应该是主观意图和客观实际的统一，但一个方案是否符合实际，需要在实践过程中加以检验。如在执行过程中发现不符合或不完全符合实际情况，应做出新的判断，并进行相应的调整。执行方案的过程，也是继续进行调查研究的过程。

(三) 样品采集

出口交易前，首先应选择出口对象，对于同类产品，在颜色、样式、材料、款式等方面千差万别，针对不同的销售市场和销售季节，应选择不同的适销对路的出口产品，因此，服装样品的采集对于出口计划的执行至关重要。经调查，服装样品的采集方法主要有下面几种情况：

1. 厂家采集

厂家采集包括国内和国外厂家的产品采集，可以搜索国内外的各种品牌的服装生产厂家，对于国内厂家，了解其生产的各种服装，包括其各自的销售情况，对大受欢迎的产品可以重点去了解；对于国际市场较为流行的产品，可以亲自去产地了解，包括材料、做法、销售策略等。

2. 销售市场采集

市场包括国内市场和国外市场，国内和国外销售市场主要包括大型的商场、百货公司以及各种交易会、展览会等。可以选择比较有特色的，销售情况较好的产品，选购下来作为样品，对于国内市场采集较为方便，而对于国外市场可以通过网络进行搜集并通过快递的方式获取，也可以亲自去国外市场调查，但成本较高。

（四）客户选择及建立业务关系

客户是我们的交易对象。选择恰当的客户对出口业务至关重要，如何做出正确的选择，是每个出口商应该学习的功课。在做出选择之前，需要对客户进行充分的调查。

1. 对客户进行调查研究

对客户进行调查研究，包括以下内容：

（1）政治背景情况

主要是指企业的政治背景、与政界的关系、企业负责人参加的党派及对外国的政治态度等。

（2）资信情况

客户的资信包括企业的资金和信用两个方面。资金是指企业的注册资本、实交资本、公积金、其他财产以及资产负债的情况等。

（3）经营范围

主要是指企业经营的商品类别、企业的性质（实用户或中间商、专营商或兼营商等）。

（4）经营能力

主要是指企业的活动能力、销售的渠道、贸易关系、经营做法以及经营历史长短等。全面地了解客户的上述情况，对于拓展国外市场扩大经营效果都是十分重要的。对客户的调查工作，一般可以通过银行调查，这是最常见的一种方法。在我国，一般是委托中国银行办理。中国银行根据各进出口公司的要求，通过其国外的分支机构或其他往来银行在当地进行调查；其次，通过有关国家的工商团体和征信机构调查，国家的工商团体如商会、贸易协会等一般都接受委托，调查所在地厂商的情况。

委托我国驻外机构就地调查和通过在业务往来活动中对客户进行实际考察所获得的材料，一般都比较具体可靠，对业务的开展有较大的参考价值。同时，从各兄弟进出口公司之间定期交流的客户资料，以及在发生重大情况时的临时通报中，可对客户的情况有更全面的了解，有利于做到互相配合、统一对外。此外，外国出版的企业名录、厂商年鉴等刊物对了解客户的经营范围和活动情况也有一定的参考价值。

2. 建立业务联系

寻找到国外买家公司名称和联系方式后，就可以开始与供应商建立关系了。在实务操作中通常是通过函电或邮件的方式建立关系。有条件的企业也会派出代表直接到国外与国外买家接洽。

如何写好建立业务关系的信函：

(1) 说明信息来源，即如何取得对方的资料

如上一节所说的，进口商要想与从未接触过的供应商建立业务关系，必须先通过各种途径获取与之进行业务联系的相关基础资料。进口商在首次发函与出口商进行联系时，一般有必要告知对方其信息来源的途径。

(2) 进行自我介绍

所有的交易都需要建立在贸易双方相互了解和信任的基础之上。因此，在发展业务关系之初，对自己公司进行简要的介绍，是引起对方注意，促使双方建立业务关系的前提。自我介绍可以包括对本公司性质、业务范围、服务宗旨等基本情况的介绍以及对公司某些相对优势的介绍，例如，外贸经验丰富、长期稳定的需求量、广泛的销售网络等。

(3) 表明致函目的

致函目的是去函要表达的核心内容，一般说来主动联系进口商，总是以扩大商品来源渠道，建立长期业务关系为目的。在建立业务关系的函电中，进口商一般会直接表达建立业务联系的愿望，并探求双方开展业务往来的可能性。

有时，在对双方开展业务往来持乐观态度的情况下，进口商会直接向出口商索要商品目录、价格单、样本或样品等，以便进一步地了解对方的产品，并在此基础上做出采购决策。若进口商已经掌握了有关拟购商品的详细资料，还可以进一步说明该商品在目标市场的需求状况和市场前景，进而直接要求出口商就其指定产品报价并询问相关的贸易条件，从而实际上成为进口商所做的一个询盘。

(4) 激励性结尾

信函结尾部分通常会写上希望对方给予早日答复，期待与对方合作并致以谢意的语句。同时，进口商还可以进一步表达开展业务往来的诚恳愿望并告知对方自己的信用状况及进行调查的途径。

当决定向某潜在客户发建交函时，由于该客户对企业的初步了解完全来自这封建交函，因此信中一定要包含有企业的全称、详细地址、联络方式，以便于日后的联系，最好使用印有企业中英文名址及联络方式的行头纸来写信。

【建交函举例】

Ningbo ETDZ Huixing Trade Co., Ltd.

Ningbo RiLi district, south road 777 international business building costs 10~11

Tel：0086 - 574 - 87161688 Fax：0086 - 574 - 87161698 Email：dmin @ huixingtrade.com

Dear sirs,

Your company has kindly been introduced to us by Messers & Freenan Co., Ltd.,

Lagos, Nigeria, as prospective buyers of Chinese cotton piece goods. As this item falls within the scopes of our business activities, we shall be pleased to enter into direct business relations with you at an early day.

To give you a general idea of the various kinds of cotton piece goods now available for export, we enclose brochure and price list. Quotations and sample books will be air-mailed to you upon receipt of your specific inquiry.

We look forward to your favorable reply.

Yours faithfully,

Encl. as stated.

(五) 发展客户关系

广泛地同客户建立贸易关系，建点铺面，组织推销网，这也是做好推销工作，扩大出口的重要条件之一。在出口业务中，有无一批稳定的客户关系，是能否扩展出口业务的重要条件。一个良好的客户关系，就是一份推销力量。建立和发展客户关系，认真做好客户工作，贯彻客户政策，调动客户经营我货的积极性，对于我们了解市场动态，发展市场，扩大销路，逐步完善推销网络具有重要的作用。

1. 善于发挥不同客户类型的长处

在国际市场上，专营或兼营进出口业务的企业是多种多样的。根据这些企业的性质、经营方式、经营能力可划分为不同类型。我们应根据政策原则和经营意图，按照业务需要，区别对待，选择不同类型的客户，以发挥各种客户的长处，为我所用。

专门经营进出口贸易的企业，他们联系面广，熟悉市场，业务经验比较丰富，是国际市场上推销商品的一支重要力量。他们中间有的自营进出口，自负盈亏，以赚取利润为主；有的是代客买卖，以收取佣金为主；有的则是某些特定工厂的代理人。从经营商品看，有的专营某种或某类商品，有的经营品种较广，没有严格的商品限制。在出口业务中，应充分利用这些企业的长处，为己方扩大推销服务。

某些发达国家的大工厂、大百货公司、超级市场、连锁商店等都自行进口一部分商品，是这些商品的实销户。我们应积极发展同这些客户的往来，同他们建立长期稳定的业务关系。这不仅有利于扩大推销网络，而且可以减少中间环节，争取更有利的交易条件。

2. 积极发挥侨商的作用

在不少国家和地区，特别是在东南亚地区，有很多华侨商人经营进出口贸易，其中有些还是专门经营中国商品的。广大长期住在国外的侨胞，有使用祖国商品的传统习惯，侨商是中国商品在当地市场的重要推销力量。我们应充分利用他们熟悉市场、有一定的经营能力以及同当地和海外商人有密切联系的特点，发挥他们经营中国商品的积极性，以便快速抢占目标市场。对专营中国商品的商人，在供货上要优先安排；对兼营中国商品的商人，也要多做工作，争取让他们多经营国货。

3. 处理好同各类客户的关系

同我们往来的客户中，按其规模、资金的大小和经营能力的强弱，可分为大、中、小客户。大客户的资金雄厚，经营能力强，但垄断倾向也大；中、小客户的资金虽不及大客户，但做法灵活，对新型小商品愿意积极推销。因此，在对大、中、小客户的利用上，根据方针政策，结合商品特点，应全面考虑，适当安排，以便调动各种积极因素，为顺利完成出口业务服务。

做好客户的鉴定工作，为了正确选择和利用客户，除应进行周密的调查研究，并在日常业务活动中考察其资信状况外，还应经常对客户的表现进行全面评估，在一定时期对各个客户做出内部鉴定。

根据鉴定的结果，对客户进行分析。至于如何分析，视不同情况和业务需要而定。例如有的公司按基本客户、一般客户、可往来客户、停止往来客户分类，其中基本客户，应作为我们推销的主要力量，同他们建立稳定的业务关系，并在我们推销网络中发挥主要作用。分类工作应定期进行，但客户的类别不是一成不变的，而是随着情况的变动而变动。

为了积累客户的资料，掌握客户的动态，应建立和健全客户的档案、资料。有些客户同时与几家公司都有业务往来，在这种情况下，应主动同有关公司沟通情况，坚持统一对外，以防信誉不佳的客户钻空子。

相关网站简介

中华人民共和国商务部（http：//www.mofcom.gov.cn）
中华人民共和国海关总署（http：//www.customs.gov.cn）
阿里巴巴（http：//china.alibaba.com）
中国企业在线（http：//www.chinamarts.tom）
中华大黄页（http：//www.chinabig.tom.cn）
Business Guide to the Web（http：//WWW.bizweb.com）
ACSR（All China Marketing Research）简介（http：//www.acmr.com.cn）
中国国际展览中心集团公司（http：//www.ciec—expo.com.cn）

五、操作示范

通过对国际市场的调研，陈明认为他们公司生产的服装属中高档产品，比较适合美国的消费者，而且美国市场潜力巨大，美国商人信用好，收汇有保障，又通过网上需求信息了解到从事这一行已有十多年的 DEX 公司对此产品感兴趣，因此欲与其建立业务关系。

Dear sirs,

We have obtained your name and address from the Internet and learned that you are interested in Chinese garment.

In order to expand our products into America, we are writing to you to seek cooperate possibilities. We are writing to you to establish long-term trade relations with you. We are a leading company with many years' experience in garment export business.

We enjoy a good reputation internationally in the circle of textile.

We have a good variety of colors and sizes to meet with different needs. Our products are enjoying popularity in Asian markets.

Your comments on our products or any information on your market demand will be really appreciated.

We are looking forward to your specific inquiries.

Yours sincerely,

Ming Chen

六、跟学训练

1. 通过你了解的途径在国外找一个买家，在国内找一个供应商。

要求：

（1）买家和供应商必须是真实存在的。

（2）介绍你与买家交易商品的特征（产品的品质、性能、规格、外观设计、颜色、包装、商标等）。

（3）了解对方的资信情况。

（4）介绍你的工作过程（通过何种方式了解对方资信情况、产品信息等）。

2. 2010年9月18日达美公司与日本某公司建立了业务关系，对方要求他寄送一件样衣。

问题一：达美公司的样衣什么时候送最好？

问题二：达美公司选什么样的样衣？

问题三：达美公司如何节省样品费？

七、课外拓展

1. XYZ公司专门经营童装，以前以欧美市场为主，现在想开拓南美市场，请你为XYZ公司开拓南美市场设计一套方案。

2. 请根据消费习惯把世界市场做个分类，以便企业能根据各国的消费习惯有针对性地选择买家。

3. 世界上哪些国家的商人信用比较好，请做个比较。

学习情境二：服装出口价格的核算

一、学习目标

1. 能力目标
(1) 能根据客户情况正确地选用贸易术语
(2) 能进行服装出口价格的核算
(3) 能进行常用贸易术语间的价格换算
(4) 能正确计算佣金和折扣

2. 知识目标
(1) 了解服装出口价格的构成
(2) 熟悉11种贸易术语买卖双方的权利与义务
(3) 掌握贸易术语间的价格换算及佣金和折扣的计算方法

二、工作情景

2009年8月10日，浙江宁波威联进出口贸易有限责任公司收到美国DEX公司的询盘函，并邮寄面料、色样及一件成衣样品给威联公司，要求威联公司11月15日前交货，并回寄面料、色样及两件不同型号的成衣样品确认。

8月15日，威联公司收到样件后立即联络宁波天明制衣有限公司，根据DEX公司提供的面料、色样、成衣样品，要求宁波天明制衣有限公司按美国客户的要求赶制成衣样品。8月17日宁波天明制衣有限公司将两件不同型号的成衣样品送抵威联公司，威联公司当日将该成衣样品用DHL快递给DEX公司确认。

8月22日，DEX公司收到威联公司寄来的成衣样品，确认合格，要求威联公司报价。当天，威联公司以服装厂的报价、公司利润等为基础进行价格核算，拟向DEX公司报价。

三、任务描述

请以工厂的报价、公司利润等为基础，替威联公司分别计算出口成衣的FOB/CFR/CIF的报价。

具体工作任务为：

工作任务一：核算成本

工作任务二：核算费用

工作任务三：对出口商品进行报价

相关信息如下：

1. 采购成本：产品 HB0251 人民币 100 元/件；产品 HB0265 人民币 120 元/件（以上均含 17% 的增值税）。

2. 出口退税：女士套头衫、女士开襟羊毛衫均为 16%。

3. 起订数量：各货号最低起订数量为 1000 件。

4. 出口费用如表 2-1 所示。

5. 预期利润：利润率 10%（按出口报价）。

   外汇汇率：USD100：RMB683/691

6. 商品基本资料如表 2-2、表 2-3 所示。

表 2-1 出口费用明细表

项目	费用	描述
（1）国内费用		
内陆运费（拼箱）	RMB 60.00	每吨运费 60 元，计费标准 W/M
内陆运费（整箱）	RMB 900.00/1300.00	20 英尺/40 英尺集装箱
检验费	RMB 200.00	每次 200 元
银行手续费	0.25%	按结算金额×0.25%
贷款年利率	6%	按垫款金额×6%，预计垫款时间 2 个月
证书费	RMB 200.00	产地证、检验证，每份 200 元
报关费	RMB 200.00	每次 200 元
核销费	RMB 10.00	每次 10 元
公司综合费用	5%	每笔业务成交金额×5%
（2）国外费用		
海运费（散装货）	USD 180	每吨运费 180 美元，计费标准 W/M
海运费（整箱货）	USD 3290/4410	20 英尺/40 英尺集装箱
保险费（一切险＋战争险）	0.88%	投保金额×0.88%

表 2-2 女士套头衫基本资料

商品编号	HB0251	海关代码	6110110099
中文名称	女士套头衫	英文名称	WOMEN'S PULLOVER
产地	CHINA	所属类别	服装
销售单位	PC	成本（¥）	100
包装单位	CARTON	单位换算	每包装单位＝20 销售单位

续表

商品编号	HB0251	海关代码	6110110099
中文描述	每箱20件，颜色红色 面料成分：全棉	英文描述	20PCS PER CARTON COLOR：RED FABRIC CONTENT： 100% COTTON
毛重	13KGS	净重	11 KGS
体积	0.14308CBM	商品图片	暂略

表2-3 女士开襟羊毛衫基本资料

商品编号	HB0265	海关代码	6110200099
中文名称	女士开襟羊毛衫	英文名称	WOMEN'S CARDIGAN
产地	CHINA	所属类别	服装
销售单位	PC	成本（¥）	120
包装单位	CARTON	单位换算	每包装单位＝20 销售单位
中文描述	每箱20件 颜色：淡蓝色 面料成分：全棉	英文描述	20PCS PER CARTON COLOR：SKYBLUE FABRIC CONTENT： 100% COTTON
毛重	15 KGS	净重	13 KGS
体积	0.14308 CBM	商品图片	暂略

四、知识准备

要想替威联公司核算出口成衣的FOB/CFR/CIF的报价，必须进行以下知识准备：了解出口商品的价格构成、熟悉各种贸易术语买卖双方的权利与义务、学会常用贸易术语间价格的换算、掌握出口商品的价格核算方法。

(一) 服装出口价格的构成

服装出口的价格往往表现为单价，单价由四个部分组成，即计价货币、计量单位、贸易术语和单位价格金额四个部分。如每件6.20美元，CIF 纽约（USD 6.20 PER PIECE CIF NEW YORK）。

1. 计价货币

国内贸易活动中，商品的价格通常表示为"××元"，即人民币元。但国际贸易中的"元"有美元、欧元、日元、加拿大元、港元等多种，因此，使用哪种货币作为合同中货物的计价货币，必须明确规定出来，比如每打衬衣30美元，每件西服20英镑等。

在选用计价货币时应注意以下问题:
(1) 尽量使用可自由兑换货币

价格中的计价货币,可以选择出口国货币、进口国货币或进出口双方同意的第三国货币。实际业务中,具体选用哪种货币,是由买卖双方协商而定的。例如,中国公司向日本出口货物,可以采用日元作为计价货币,也可以采用国际上最为通行的计价货币——美元。除了因两国间订有支付协定,规定必须采用协定货币计价、支付的情况外,进出口业务中,通常选用可自由兑换货币进行计价和支付。可自由兑换货币主要指美元、欧元、英镑等。在我国进出口贸易中,大多使用美元作为计价货币。使用可自由兑换货币,有利于调拨和运用,还有助于在必要时转移汇价风险。

表 2-4 国际贸易中常用的计价货币名称

国家或地区	货币名称		货币代号
中国	人民币元	Chinese Yuan	CNY
英国	英镑	Pound Sterling	GBP
美国	美元	United State Dollar	USD
日本	日元	Japanese Yen	JPY
加拿大	加拿大元	Canadian Dollar	CAD
澳大利亚	澳大利亚元	Australian Dollar	AUD
新加坡	新加坡元	Singapore Dollar	SGD
欧盟	欧元	Euro	EUR

当然,近几年来,我国也在部分城市推出了人民币跨境结算的业务,在与部分国家进行进出口贸易时,可用人民币进行结算。

(2) 出口争取使用"硬币",进口争取使用"软币"

当前世界上许多国家普遍实行浮动汇率制,货币的汇率会因市场供求变化而上涨或下浮,而国际贸易合同的交货期一般比较长,从订约到履行合同,往往需要一个过程,在此期间计价货币的币值会发生一定程度的变化,影响到买卖双方的经济利益。例如,出口一批服装,价值 10 万美元(以美元计价),合同签订后两个月交货,交货时付款。订约时人民币与美元汇价为 6.80 元兑换 1 美元,两个月后美元汇价降为 6.70 元,则出口方人民币收入将比按订约时汇率折算减少 1 万元人民币。因此,作为交易的当事人,在选择计价货币时,就必须考虑其未来的汇价走势。

在我国服装出口业务中,一般应争取用"硬币"作为计价货币,即币值比较稳定且趋势上浮的货币,这样可以在所收到的外汇数目不变的情况下,折算出的人民币数目不变或有所增加;而进口业务恰好相反,应争取采用汇价比较疲软且趋势下浮的货币即"软币",在对外支付外汇时,所支出的人民币数目将不变或有所减少。

2. 计量单位

对服装而言,计量单位一般都用件、套、打等,计量单位应该与合同数量条款中所用的计量单位相一致。如数量用"打"表示，则单价也应以"打"表示，而不应用"件"或"套"。应避免使用不明确的"箱"等，以免日后发生争议。

3. 单位价格金额

如果说价格条款是买卖合同的核心，那么单位价格金额就是价格条款的核心。在交易磋商的过程中，进出口双方应慎重报价，避免报错价格造成被动。价格经双方协商一致后，应正确填写在合同中。如果在出口合同中将单价写低或在进口合同中将单价写高，均会使我方蒙受损失。

4. 贸易术语

贸易术语是进出口单价构成的重要组成部分，用来说明该成交价格的构成。如某公司以每套20美元CIF神户价格出口货物，"20美元每套"这一价格是怎样制定出来的？它包含卖方支出的哪些成本、费用？买方如何得知这一价格水平是否合理？这些问题，都可以通过"CIF神户"（贸易术语）来说明。因此，贸易术语使用得恰当与否直接关系到买卖双方的经济利益以及买卖双方风险、责任的划分。因此应根据交易的具体情况，合理地选用贸易术语。

（二）11种贸易术语买卖双方的权利与义务

贸易术语（trade terms），又称贸易条件、价格术语（price terms），是指用一个简短的概念或三个字母的英文缩写（如FOB）来表示商品的价格构成、说明交货地点、明确在货物交接过程中买卖双方的有关费用、风险和责任的划分的专门用语。

1. 有关贸易术语的国际惯例

目前，在国际上有较大影响的有关贸易术语的惯例有以下三种：

（1）《1932年华沙—牛津规则》

1928年国际法协会（International Law Association）在波兰华沙举行会议，以英国贸易习惯及判例为基础，制定了关于CIF买卖合同的统一规则，共22条，称为《1928年华沙规则》。后经1930年纽约会议、1931年巴黎会议和1932年华沙会议，将前"华沙规则"修订为21条，定名为《1932年华沙—牛津规则》（Warsaw—Oxford Rules 1932，简称W. O. Rules 1932），并沿用至今。该规则对CIF买卖合同的性质作了说明，并具体规定了在CIF合同中买卖双方所承担的费用、责任和风险。

（2）《1941年美国对外贸易定义修正本》

1919年美国九个大商业团体制定了《美国出口报价及其缩写条例》（The U. S. Export Quotations and Abbreviations）。后来因国际贸易习惯的变化，在1941年举行的美国第27届全国对外贸易会议上对该定义作了修订，并于1941年7月31日经美国商会、美国进口商协会和美国全国对外贸易协会所组成的联合委员会通过，称为《1941年美国对外贸易定义修正本》。

该修正本对以下六种贸易术语做了解释：

①Ex（point of origin）原产地交货。

②FOB（Free On Board）在运输工具上交货。

③FAS（Free Along Side）。FAS Vessel（named port of shipment）"船边交货（指定装运港）"。

④CFR（Cost and Freight）。CFR（named point of destination）"成本加运费（指定目的地）"。

⑤CIF（Cost，Insurance and Freight）。CIF（named point Of destination）"成本加保险费、运费（指定目的地）"。

⑥Ex Dock（named port Of importation）"目的港码头交货"。

《1941年美国对外贸易定义修正本》在美洲国家有较大影响。由于它对贸易术语的解释，特别是对FOB术语的解释与其他国际惯例的解释有所不同，因此，我国外贸企业在与美洲国家进出口商进行交易时，应予特别注意。

(3)《2010年国际贸易术语解释通则》

国际商会自20世纪20年代初即开始对重要的贸易术语做统一解释的研究，1936年提出了一套解释贸易术语的具有国际性的统一规则，定名为Incoterms 1936，其副标题为International Rules for the Interpretation of Trade Terms，故译为《1936年国际贸易术语解释通则》。随后，国际商会为适应国际贸易实践的不断发展，为适应国际贸易实践发展的需要，国际商会先后于1953年、1967年、1976年、1980年、1990年和2000年、2010年进行过多次修订和补充。2010年9月27日，国际商会在巴黎召开全球发布会，正式推出《2010年国际贸易术语解释通则》，简称为《2010通则》。2011年1月1日，全面修订的国际贸易术语解释规则正式生效。

◆《2010通则》的适用范围及建议

《2010通则》阐释了一系列在货物销售商业（商事）合同实践中使用的三字母系列贸易术语。《2010通则》主要描述货物从卖方到买方运输过程中涉及的义务、费用和风险的分配。使用《2010通则》的建议如下：

①将《2010通则》订入到销售合同中。如果要使《2010通则》在所签订合同中适用，应该在合同中，通过如"所选择的Incoterms规则（含指定地点）附上《2010通则》"这类文字以明确表示。

②选择适当的Incoterms规则。所选的Incoterms规则须与货物、其运输方式相称，最重要的是与合同双方是否有意添加额外义务相称，例如安排运输或保险的义务给买方或卖方。每个对贸易术语的指导性解释中都包含对做出此项决定非常有帮助的信息。不论是哪一项Incoterms规则被选用，适用双方应该意识到对合同的说明会受到所用港口或地方特有的惯例影响。

③尽可能精准地说明所在地方或港口名称。仅当当事人双方选定特定的一个收货地或港口时，所选术语才能发挥作用。且地点或港口名称应尽可能精准，Incoterms规则效用

就能发挥到极致。

例如：FCA NINGBO NO. 38 WEST ZHONGSHAN ROAD Incoterms®2010

◆《2010通则》贸易术语的分类

《2010通则》共对11种贸易术语作了解释，并按运输方式分成两大类，11种贸易术语如表2-5所示。

表2-5 《2010通则》的11种贸易术语

分类	贸易术语	风险转移界限	出口清关责任费用承担者	进口清关责任费用承担者
第一类（适合单一或多种运输方式）	EXW（Ex Works）工厂交货	卖方所在地货交买方处置时	买方	买方
	FCA（Free Carrier）货交承运人	货交承运人监管时	卖方	买方
	CPT（Carriage Paid To）运费付至	货交承运人监管时	卖方	买方
	CIP（Carriage and Insurance Paid to）运费、保险费付至	货交承运人监管时	卖方	买方
	DAT（Delivered At Terminal）终点站交货（……指定终点站）	货交承运人监管时	卖方	买方
	DAP（DELIVERED AT PLACE）指定地点交货（……指定地点）	货交承运人监管时	卖方	买方
	DDP（Delivered Duty Paid）完税后交货	指定目的地货交买方处置时	卖方	卖方
第二类（适合海运及内河运输）	FAS（Free Alongside Ship）装运港船边交货	装运港船边	卖方	买方
	FOB（Free On Board）装运港船上交货	装运港船上	卖方	买方
	CFR（Cost and Freight）成本加运费	装运港船上	卖方	买方
	CIF（Cost, Insurance and Freight）成本加保险费、运费	装运港船上	卖方	买方

◆《2010通则》中买卖双方的义务划分

正如在2000年通则中，买方与卖方的义务以镜像方式呈现：A条款下反映卖方义务；B条款下反映买方义务。这些义务可以由卖方或买方以个人名义履行，有时抑或受制于合同或者适用法律中的个别条款的规定，由诸如承运人、转运代理人等中介组织，或者其他由卖方或者买方基于特定目的而委托的人来履行。

《2010通则》语义应是不言而喻了。然而，为了帮助使用者理解，下面将对在文中通篇被运用的特定规则展开正确、理性的说明。

承运人：就《2010通则》而言，承运人是指与托运人签署运输合同的一方。

报关单：这些是指为了遵守任何可适用的海关规定而需要满足的一些要求，可能包括单据、安全、信息或实物之义务。

交货：这个概念在贸易法和实务中有着多重含义，但在《2010通则》中，它被用于表明货物遗失损害风险何时由卖方转移到买方。

交货凭证：这个表述现在被用做A8条款的标题。它意指用于证明已完成交货的凭证。对众多的《2010通则》条款，交货凭证是指运输凭证或相应的电子记录。然而，在工厂交货（EXW）、货交承运人（FCA）、装运港船边交货（FAS）、装运港船上交货（FOB）的情况下，交货凭证可能只是一个简单的收据。交货凭证也可能有其他功能，比如作为支付机制的组成等。

电子记录或程序：由一种或更多的电子信息组成的一系列信息，适用情况下，其在效力上与相应的纸质文件等同。

包装：这个词在本通则中有三种不同的含义：

①遵照销售合同中任何要求的货物包装。

②使货物适合运输的包装。

③集装箱或其他运输工具中已包装货物的配载。

在《2010通则》中，包装的含义包括上述第一种和第二种。然而，《2010通则》并未涉及货物在货柜中的装载义务由谁承担，因而，在相关情形下，各方应当在销售合同中做出规定。

2. 六种常用的贸易术语

《2010通则》所解释的11种贸易术语中，FOB、CFR、CIF、FCA、CPT和CIP六种贸易术语在国际贸易中使用较多。因此，熟悉这六种主要贸易术语的含义、买卖双方的义务以及在使用中应注意的问题，特别重要。

(1) FOB术语

FOB的全称为Free On Board（...named port of shipment Incoterms®2010）——装运港船上交货（……指定装运港），是指卖方在指定的装运港，将货物交至买方指定的船只上，或者指（中间销售商）设法获取这样交付的货物。一旦装船，买方将承担货物灭失或损坏造成的所有风险。

本规则只适用于海运或内河运输。

卖方被要求将货物交至船只上或者获得已经这样交付装运的货物。这里所谓的"获取"迎合了连环销售，在商品贸易中十分普遍。

FOB不适用于货物在装船前移交给承运人的情形。比如，货物通过集装箱运输，并通常在目的地交付。在这些情形下，适用FCA的规则。

在适用FOB时，销售商负责办理货物出口清关手续。但销售商无义务办理货物进口清关手续、缴纳进口关税或是办理任何进口报关手续。

◆ 买卖双方的义务

按《2010 通则》，在 FOB 术语下，买卖双方的主要义务如下：

● 卖方的主要义务

A1：卖方必须提供符合销售合同的货物以及买卖合同可能要求的任何凭证；

A2：卖方必须自担风险和费用，办理货物出口所需的一切海关手续；

A3：卖方没有义务为买方订立运输合同和保险合同，但当买方需要时，应提供必要的办理相关业务的信息；

A4：卖方必须将货物运到买方所指定的船只上，并通知买方；

A5：卖方要承担货物灭失或者损坏的全部风险，直至已经按照规定交付货物为止。

● 买方的主要义务

B1：负责按合同规定支付价款；

B2：自负风险和费用取得进口许可证或其他核准证书，办理货物进口以及必要时经由另一国过境运输的一切海关手续；

B3：负责租船或订舱，支付运费，并给予卖方关于船名、装船地点和要求交货时间的充分的通知；

B4：接收货物；

B5：负担自卖方交付货物之后的一切风险和费用。

☆Case：

我某外贸公司 A 从葡萄牙外商 B 处进口一批货物，签订合同所使用的贸易术语为"FOB 里斯本（葡萄牙港口）"。后因葡萄牙政府拒绝签发出口许可证而未能交货，请问根据《2010 通则》，责任应由谁承担？

假如是葡萄牙商人从我方进口这批货物，签订合同所使用的贸易术语为"FOB 宁波（我国港口）"因葡萄牙政府拒绝签发进口许可证而未能交货，请问责任又应该由谁来承担？

◆ 采用 FOB 术语时需注意的问题

● "装上船"的要求和风险转移

按《2010 通则》规定，FOB 合同的卖方必须及时在装运港将货物"交至船上"（Deliver on Board）或"装上船"（Load on Board）。其交货点（Point of Delivery）为船上。这就是说，卖方必须负责在装运港将货物安全地装入船舱，并负担货物装入船舱为止的一切灭失或损坏的风险。如果买方没有明确装运地，卖方可以在指定的装运港中选择最符合目的的装运点。

● 船货衔接

在 FOB 合同中，买方必须负责租船或订舱，并将船名和装船时间通知卖方，而卖方必须负责在合同规定的装船期和装运港将货物装上买方指定的船只。这里有个船货衔接的问题。买方在合同规定的期限内安排船只到合同指定的装运港接受装货。如果船只按时到达装运港,卖方因货未备妥而未能及时装运,则卖方应承担由此而造成的空舱费或滞期费。反之,如果买方延迟派船,使卖方不能在合同规定的装运期内将货物装船,则由此而引起的卖方仓储、保险等费用支出的增加,以及因迟收货款而造成的利息损失,均由买方负责。因此,在 FOB 合同中,买卖双方对船货衔接事项,除了在合同中应作明确规定外,在订约后,必须加强联系,密切配合,防止船货脱节。在 FOB 术语下,有时卖方代买方办理各种装运手续,包括以卖方自己的名义订舱和取得提单,但相关费用和风险仍由买方承担。

☆Case:
　　国内某公司于 2010 年 6 月与阿根廷商人签订了一份进口合同,交易条件为 FOB。后因各种原因,我方一直订不到舱位,使得货物在码头仓库滞留很久,产生了额外仓储费用,外商以我方未能及时配船订舱为由,要求我方赔偿其仓储费。请问外商这一要求合理吗?

● 美国对 FOB 术语的特殊解释
　　《1941 年美国对外贸易定义修正本》将 FOB 术语分为六种,其中只有"指定装运港船上交货"(FOB Vessel 〈named port of shipment〉)与《2010 通则》解释的 FOB 术语相近。然而按《1941 年美国对外贸易定义修正本》规定,只有在买方提出请求,并由买方负担费用的情况下,FOB Vessel 的卖方才有义务协助买方取得由出口国签发的为货物出口或在目的地进口所需的各种证件,并且,出口税和其他税捐费用也需由买方负担。这些规定与《2010 通则》FOB 术语关于卖方须负责取得出口许可证,并负担一切出口税捐及费用的规定,有很大不同。因此,我外贸企业在与美国和其他美洲国家出口商按 FOB 术语洽谈进口业务时,除了应在 FOB 术语后注明 "vessel"(轮船)外,还应明确提出由对方(卖方)负责取得出口许可证,并支付一切出口税捐及费用。

☆Case:
　　我某进口公司于 2010 年 10 月从美国进口一批名牌服装,以 FOB Vessel New York 成交。按合同约定的支付方式和付款时间,我方通过中国银行向对方开出了一张金额为 16 万美元的信用证,对方接到信用证后称"信用证已收到,但金额不足,应增加 8000 美元备用。否则,有关出口税捐及各种签证费,由你方另行电汇"。我方接电后认为这是美方无理要求,回电指出"按 FOB Vessel 条件成交,卖方应负责有关的出口税捐和签证费用,这在《2010 通则》中有规定"。美方又回电"成交时并未明确规定按《2010 通则》办,根据我们的商业习惯及《1941 年美国对外贸易定义修订本》,出口费用应由买方负担"。
　　请问:我方应如何处理?从中应吸取什么教训?

(2) CIF 术语
　　CIF 的全称是 Cost, Insurance and Freight(…named port of destination Incoterms®

2010)——成本加保险费、运费（……指定目的港），是指当货物在指定装运港越过船舷时，卖方即完成交货。

◆ 买卖双方的主要义务

按照《2010通则》，CIF合同买卖双方的主要义务如下：

● 卖方的主要义务

A1：卖方必须提供符合销售合同的货物以及买卖合同可能要求的任何凭证；

A2：卖方须自负风险和费用，取得一切出口许可和其他官方许可，并办理货物出口所需的一切海关手续；

A3：负责租船或订舱，仅支付至目的港的运费；负责办理货物运输保险，支付保险费；

A4：卖方必须将货物装上船，并通知买方；

A5：卖方直到货物以规定的方式交付之前都要承担货物灭失或者损坏的风险。

● 买方的主要义务

B1：负责按合同规定支付价款；

B2：负责办理货物进口手续，取得进口许可证或其他核准书；

B3：买方无订立运输合同和保险合同的义务，但当卖方需要时，应提供办理相关业务的信息；

B4：接收货物；

B5：买方自货物按规定的方式交付后承担所有货物灭失或者损坏的风险。

◆ 在采用CIF术语时，应注意的问题

● CIF合同属"装运合同"

根据《2010通则》，CIF术语的交货点/风险点与FOB术语完全相同。在CIF术语下，卖方在装运港将货物装上船，即完成了交货义务，而无须保证到货。因此，和FOB一样，采用CIF术语订立的合同属"装运合同"。但是，由于在CIF术语后所注明的是目的港（例如"CIF伦敦"）以及在我国曾将CIF术语译为"到岸价"，所以CIF合同的法律性质，常被误解为"到货合同"。

● 卖方租船或订舱的责任

CIF合同的卖方为按合同规定的时间装运出口，必须负责自费办理租船或订舱。如果卖方不能及时租船或订舱，而不能按合同规定装船交货，即构成违约，从而必须承担被买方要求解除合同及/或损害赔偿的责任。

● 卖方办理保险的责任

在CIF合同中，卖方是为了买方的利益办理货运保险的，因为此项保险主要是为了保障货物装船后在运输途中的风险。《2010通则》对卖方的保险责任规定：如无相反的明示协议，按照至少符合《协会货物保险条款》C款或其他类似条款中规定的最低保险险别投保。这个保险应与信誉良好的保险人或保险公司订立，并保证买方或其他对货物具有保险利益的人有权直接向保险人索赔。最低保险金额应为合同规定的价款加10%，并以合同货币投保。有关保险责任的起讫期限必须与货物运输相符合，并必须延迟自买方需负担货物灭失或损坏的风险时（即自货物在装运港越过船舷时）起对买方的保障生效。

● 单据买卖

CIF 合同的卖方可通过向买方提交货运单据（主要包括提单、保险单和商业发票）来完成其交货义务。卖方提交单据，可推定为交付货物，即所谓"象征性交货"。而买方则必须凭上述符合合同要求的货运单据支付价款。如前所述，CIF 合同属装运合同性质，卖方按合同规定在装运港将货物装上船，但他不保证货物必然到达和在何时到达目的港，也不对货物装上船后的任何进一步的风险承担责任。因此，即使在卖方提交单据时，货物已经灭失或损坏，买方仍必须凭单据付款，但他可凭提单向船方或凭保险单向保险公司要求赔偿。在此有必要指出，如果在采用 CIF 术语订立合同时，卖方被要求保证货物的到达或以何时到货作为收取价款的条件的话，则该合同将成为一份有名无实的 CIF 合同。

☆Case:

2010 年，我某出口公司按 CIF 条件向欧洲某国进口商出口一批服装，向中国人民保险公司投保了一切险，规定信用证方式支付。我出口公司在规定的时间装船完毕，并凭船公司签发的已装船提单在中国银行议付了货款。第二天，出口公司接到客户来电，称装货船舶在海上失火，服装全部被毁，要求我公司出面向中国人民保险公司提出索赔，否则要求我公司退回全部货款。

请问：如果你是经办业务员，你会同意对方的要求吗？为什么？

（3）CFR 术语

CFR 的全称是 Cost and Freight（…named port of destination Incoterms®2010）——成本加运费（……指定目的港），是指卖方交付货物于船舶之上或采购已如此交付的货物，而货物损毁或灭失之风险从货物转移至船舶之上起转移，卖方应当承担并支付必要的成本加运费以使货物运送至目的港。CFR 术语要求卖方办理出口清关手续。

CFR 与 CIF 不同之处仅在于 CFR 合同的卖方不负责办理保险手续和不支付保险费，不提供保险单据。有关海上运输的货物保险由买方自理。除此之外，CFR 和 CIF 合同中买卖双方的义务划分基本上是相同的。

按 CFR 术语订立合同，需特别注意的是装船通知问题。在《2010 通则》CFR A7 中规定：卖方应当给予买方关于货物交至船上的充分通知，以便买方能够采取通常必要的提货措施，满足买方为在目的港收取货物采取必要的措施（包括办理保险）的需要。虽然《2010 通则》对卖方未能给予买方该项充分的通知的后果没有作出具体的规定，但是根据有关货物买卖合同的适用法律，卖方可因遗漏或不及时向买方发出装船通知，而使买方未能及时办妥货运保险所造成的后果，承担违约责任。

> ☆Case:
>
> 2010年，我某进出口公司按 CFR 条件与法国一进口商签订一批抽纱台布出口合同，价值8万美元。货物于1月8日上午装船完毕，业务员因当天工作较忙忘记向买方发装船通知（shipping advice），次日上班时才想起并发出装船通知。法商收到我装船通知后立即向当地保险公司投保，不料该保险公司已获悉装载该货的轮船已于9日凌晨在海上遇难而拒绝承保。法方即来电称"由于你方晚发装船通知，以致我方无法投保，因货轮已罹难，货物损失应由你方负担并应赔偿我方利润及费用损失8000美元"。不久我方通过银行寄去的全套货运单证被退回。
>
> 请问：法商的要求合理吗？我方该不该赔偿损失？

（4）FCA 术语

FCA 的全称是 Free Carrier（...named place Incoterms®2010）——货交承运人（……指定地），是指卖方在指定地将经出口清关的货物交给买方指定的承运人，即完成了交货。应该注意，选定的交货地对在该地装货和卸货的义务有影响。如在卖方所在处所，卖方负责装货。如在任何其他地方交货，卖方不负责卸货。本术语适用于任何运输方式，包括多式联运。

FCA 是在以 FOB 原则的基础上发展起来的，适用于各种运输方式，特别是集装箱运输和多式联运。

> ☆Case:
>
> 我某出口企业按 FCA Shanghai Airport 条件向印度某进口商出口羊绒衫一批，货价2万美元，交货期为8月份，自上海空运至孟买。支付条件为：买方凭航空公司空运到货通知即期全额电汇货款。我出口企业于8月31日将货物运至机场交由航空公司收货并出具了航空运单。我方随即向印度买方发去装运通知。航空公司于9月2日将货空运至孟买，并将到货通知单等有关单据送至孟买某银行，该银行立即通知印商前来收取单据并电汇货款。此时，当地市场羊绒衫价格下跌，印商以我方交货延迟为由拒绝付款提货。我方则坚持对方必须立即付款。双方争执不下。
>
> 请问：我出口企业交货是否延迟？买方应否付款？为什么？

（5）CPT 术语

CPT 的全称是 Carriage Paid To（...named place of destination Incoterms®2010）——运费付至（……指定目的地），是指当货物已被交给由卖方指定的承运人时，卖方即完成了交货。交货后，货物灭失或损坏的风险，以及由于发生意外事件而引起的任何额外费用，即从卖方转移至买方。但卖方还必须支付将货物运至指定目的地所需的运费。

上述承运人与 FCA 术语中的承运人相同。如果为了将货物运至指定目的地需要利用后续承运人，风险也自货物交付给第一承运人时转移。

CPT 术语要求卖方办理货物出口清关。

本术语适用于任何运输方式，包括多式联运。

（6）CIP 术语

CIP 的全称是 Carriage and Insurance Paid to (…named place of destination Incoterms®2010)——运费、保险费付至（……指定目的地），是指卖方除了须承担在 CPT 术语下同样的义务外，还须对货物在运输途中灭失或损坏的买方风险取得货物保险，订立保险合同，并支付保险费。

3. 其他五种贸易术语

（1）EXW

EXW 全称为 EX Works（…named place Incoterms®2010）——工厂交货（……指定地），是指卖方在其所在处所（工厂、工场、仓库等）将货物置于买方处置之下时，即履行了交货义务。卖方不需将货物装上任何运输工具，在需要办理出口清关手续时，卖方亦不必为货物办理出口清关手续，但卖方需承担向买方提供关于货物出口之信息的有限义务。买方负担自卖方所在处所提取货物至目的地所需的一切费用和风险。

如果卖方在装载货物中处于优势地位，则使用由卖方承担装载费用与风险的 FCA 术语通常更合适。

这个术语是卖方承担最少责任的术语。

本术语适用于任何运输方式。

（2）FAS

FAS 全称为 Free Alongside Ship（…named port of shipment Incoterms®2010）——船边交货（……指定装运港），是指卖方在指定装运港将货物交到买方指定的船边（例如码头上或驳船上），即完成交货。从那时起，货物灭失或损坏的风险发生转移，并且由买方承担所有费用。

FAS 术语要求卖方在需要时办理货物出口清关手续。但是，卖方没有任何义务办理货物进口清关、支付任何进口税或者办理任何进口海关手续。

本术语只适用于海运或内河运输。

卖方应当尽可能明确地在指定装运港指定出装货地点，这是因为到这一地点的费用与风险由卖方承担，并且根据港口交付惯例这些费用及相关的手续费可能会发生变化。

卖方在船边交付货物或者获得已经交付装运的货物。这里所谓的"获得"迎合了链式销售，在商品贸易中十分普遍。

当货物通过集装箱运输时，卖方通常在终点站将货物交给承运人，而不是在船边。在这种情况下，船边交货规则不适用，而应当适用货交承运人规则。

在同美洲国家的交易中如使用 FAS 术语，采用海运方式，则须用 FAS Vessel，以明确表示"船边交货"。

（3）DAT

DAT 全称为 Delivered At Terminal（…named place at port or place of destination Incoterms®2010）——终点站交货（……指定目的港或目的地），是指卖方在指定的目的港或目的地的指定的终点站卸货后将货物交给买方处置即完成交货。"终点站"包括任何地方，无论约定或者不约定，包括码头、仓库、集装箱堆场或公路、铁路或空运货站。卖方应承担将货物运至指定的目的地和卸货所产生的一切风险和费用。

建议当事人尽量明确地指定终点站，如果可能，（指定）在约定的目的港或目的地的终点站内的一个特定地点，因为（货物）到达这一地点的风险是由卖方承担。建议卖方签订一份与这种方式准确契合的运输合同。

此外，若当事人希望卖方承担从终点站到另一地点的运输及管理货物所产生的风险和费用，那么此时可以使用 DAP（目的地交货）或 DDP（完税后交货）规则。

（4）DAP

DAP 全称为 Delivered At Place（…named place of destination Incoterms® 2010）——指定地点交货（……指定地点），是指卖方在指定的交货地点，将仍处于交货的运输工具上尚未卸下的货物交给买方处置即完成交货。卖方须承担货物运至指定目的地的一切风险。

尽管卖方承担货物到达目的地前的风险，该规则仍建议双方将交货目的地指定尽量明确。建议卖方签订与该贸易术语匹配的运输合同，如果卖方按照运输合同承担了货物在目的地的卸货费用，那么除非双方达成一致，卖方无权向买方追讨该笔费用。

DAP 规则要求卖方办理货物的出口清关手续，但卖方没有义务办理货物的进口清关手续，支付任何进口税或者办理任何进口海关手续，如果当事人希望卖方办理货物的进口清关手续，支付任何进口税和办理任何进口海关手续，则应选用 DDP 术语。

（5）DDP

DDP 全称为 Delivered Duty Paid（…named place of destination Incoterms® 2010）——完税后交货（……指定目的地），是指卖方在指定的目的地，将货物交给买方处置，并办理进口清关手续，并将运输工具上的货物卸下交与买方，完成交货。卖方承担将货物运至指定的目的地的一切风险和费用，并有义务办理出口清关手续与进口清关手续并支付相关费用。

与 EXW 相反，DDP 是卖方负担义务最多的贸易术语。

本术语可适用于任何运输方式。

因为到达指定地点过程中的费用和风险都由卖方承担，建议当事人尽可能明确地指定目的地。建议卖方在签订的运输合同中也正好符合上述选择的地点。

如果卖方不能直接或间接地取得进口许可，不建议当事人使用 DDP 术语。

如果卖方希望买方承担进口的所有风险和费用，应使用 DAP 术语。

任何增值税或其他进口时需要支付的税项由卖方承担，合同另有约定的除外。

（三）服装出口价格的核算

如果欲向国外客户出口某商品，以 FOB 条件报价，客户却来电要求报 CFR 或 CIF 价，怎样才能既迅速又准确地报出客户要求的价格呢？在国际贸易中，不同的贸易术语表示的价格构成因素不同，如 FOB 价不包括从装运港至目的港的运费和保险费；CFR 价包括从装运港至目的港的运费但不包括保险费；CIF 价包括从装运港至目的港的正常运费和保险费等。当一方按某种贸易术语报价，而另一方要求按别的贸易术语报价，这就涉及价格的换算问题。作为外贸业务人员，一定要熟练掌握每种贸易术语代表的价格构成及不同价格的换算方法。

1. 服装出口的价格构成

出口服装价格的构成包括成本、费用和预期利润三大要素。

（1）成本

出口服装的成本可以包括生产成本、加工成本和采购成本三种类型：

①生产成本。制造商生产某一服装产品所需的投入。

②加工成本。服装加工商对服装进行加工所需的成本。

③采购成本。贸易商向供应商采购服装的价格，亦称进货成本。

因此，对于从事出口业务的商人来说，需要了解的主要是采购成本（进货成本），在出口价格中，成本占的比重最大，因而成为价格中的主要组成部分。由于我国实行出口退税制度，采取对出口商品中的增值税全额退还或按一定比例退还的做法，即将含税成本中的税收部分按照出口退税比例予以扣除，得出实际成本。计算公式：

$$实际成本＝进货成本－退税金额$$
$$退税金额＝进货成本／（1＋增值税率）×退税率$$

（2）费用

由于进出口贸易是跨国、跨地区交易，其间所要发生的费用远比一国内所进行的交易复杂。在出口商品价格中，费用所占的比重虽然不大，但因其内容繁多，且计算方法又不尽相同，因而成为价格核算中较为复杂的一个方面。通常包括国内费用和国外费用两部分。国内费用主要有加工整理费用、包装费用、国内运输费用、银行费用、通信费用等；国外费用主要有国外运费、国外保险费，如果以含佣金价成交，还应包括付给中间商的佣金等。

（3）预期利润

预期利润是进出口价格的三要素之一。价格中所包含的利润的大小往往根据商品、行业、市场需求以及企业的价格策略等因素来决定，这中间差别很大。比如在市场上旺销的服装可以有很高的利润，而销路平平的服装利润往往很低。与保险费、银行费用和佣金的计算不同，利润作为企业自己的收入，其核算的方法由企业自行决定，通常采用一定的百分比作为经营的利润率来核算。计算利润的基数，一般是出口成本，也有采用成交价格计算的，由各企业自定。

2. FOB、CFR、CIF 三种贸易术语的价格构成

FOB、CFR、CIF 是目前我国对外贸易采用最多的三种术语。其价格构成分别为：

$$FOB 价＝进货成本价＋国内费用＋净利润$$
$$CFR 价＝进货成本价＋国内费用＋国外运费＋净利润$$

CIF 价＝进货成本价＋国内费用＋国外运费＋国外保险费＋净利润

【例】某公司出口女式衬衫，进货成本为每件 16 元，出口各项费用共计每件 1.8 元，公司所定的利润率为 10%（出口成本为基础），对外报出的 FOB 价应为多少美元？（1 美元折合 6.8 元人民币）

解：　FOB 价＝进货成本＋国内费用＋净利润

$$=\frac{16+1.8+(16+1.8)\times 10\%}{6.8}$$

＝2.88（美元）

答：出口公司应报 FOB 价为每件 2.88 美元。

3. 主要贸易术语的价格换算

从以上各种贸易术语的价格构成可知：
CIF 价＝CFR 价＋保险费（I）＝FOB 价＋国外运费（F）＋保险费（I）
三种价格之间的换算为：
已知 FOB 价时，

$$CFR\ 价＝FOB\ 价＋国外运费$$

$$CIF\ 价＝\frac{FOB\ 价＋国外运费}{1-投保加成\times 保险费率}$$

已知 CFR 价时，

$$FOB\ 价＝CFR\ 价－国外运费$$

$$CIF\ 价＝\frac{CFR\ 价}{1-投保加成\times 保险费率}$$

已知 CIF 价时，

$$FOB\ 价＝CIF\ 价\times(1-投保加成\times 保险费率)－国外运费$$

$$CFR\ 价＝CIF\ 价\times(1-投保加成\times 保险费率)$$

【例】我某公司出口服装 1 万件，出口价格为每件 12 美元 CIF 纽约，现客户要求改报 FOB 上海价。已知该服装每件出口运费为 1 美元，原报 CIF 价中，投保险别为一切险，保险费率为 1%，按 CIF 价的 110% 投保。求应报的 FOB 上海价。

解：　FOB 价＝CIF 价×（1－投保加成×保险费率）－运费
　　　　　＝12×（1－110%×1%）－1
　　　　　＝10.87（美元）

答：应报 FOB 上海价为每件 10.87 美元。

4. 含佣价与净价之间的换算

在实际业务中，磋商和确定价格时，往往会碰到客户要求报含佣价。如何报含佣价呢？首先要了解佣金的有关知识和计算方法，才能正确掌握和运用佣金，有利于灵活掌握价格，调动外商经营我出口服装的积极性，增强出口服装在国外市场的竞争力。

(1) 佣金的含义

佣金（Commission）是指代理人或经纪人为委托人服务而收取的报酬。在国际贸易中，有些交易是通过中间代理商进行的，中间商因介绍生意或代买代卖而收取一定的佣金。例如，出口商支付佣金给销售代理人，进口商支付佣金给采购代理人。因此，凡是进出口商同代理人或佣金商订立的合同，通常都会涉及佣金的支付。

(2) 佣金的表示方法

凡成交价格中含有需支付给中间商的佣金的，称为含佣价。不含佣金的价格，称为净价（Net Price）。佣金可以明确表示在价格条款中（明佣），也可以不在合同中表示出来，由当事人按约定另行私下交付（暗佣）。国外的一些中间商或买主，为了赚取"双头佣"（从买卖双方都获取佣金），或为了达到逃汇或逃税的目的，往往提出使用"暗佣"。

给予中间商佣金会提高其与我方成交的积极性，但也意味着出口方费用的增加。因此，佣金率的高低影响着商品的成交价格，应该合理规定，一般掌握在1%~5%。

在服装贸易中，含佣价的表达方法常为规定佣金率，例如：每件30美元CIF香港包括佣金3%，即USD30 per piece CIF Hongkong including 3% commission；也可以在贸易术语后直接加注佣金的英文缩写"C"并注明百分比，如：每件30美元CIFC3%香港，即USD30 per piece CIFC3% Hongkong。

(3) 佣金的计算方法

在服装贸易中，佣金的计算方法是各不一致的。主要体现在以佣金率的方法规定佣金时，计算佣金的基数怎样确定。常用的方法是将成交金额（发票金额）作为计佣基数，例如按CIFC3%成交，发票金额为10000美元，则应付佣金为10000×3%=300美元。也有人认为价格中的运费、保险费不属于出口商本身收益，不应该作为计佣的基数，应按FOB价计算佣金。如果按这种方法计算佣金，在以CIF、CFR等术语成交时，要将其中的运费、保险费扣除，求得FOB价之后计算佣金。

在实际业务中，按交易金额（发票金额）还是FOB价作为计佣基数，并没有统一的规定，而是由买卖双方协商决定。但前者因计算方便，操作上也比较简便，实践中使用得较多。

佣金的计算公式：

$$单位货物佣金额 = 含佣价 \times 佣金率$$

$$净价 = 含佣价 - 单位货物佣金额$$

$$= 含佣价 \times (1 - 佣金率)$$

$$含佣价 = \frac{净价}{1 - 佣金率}$$

【例】某出口公司对外报价西服每件150美元CIF汉堡，外商要求4%佣金。在保持我方净收入不变的情况下，价格应改报为多少？

解：应该报含佣价为：

$$CIFC4\% = \frac{CIF净价}{1 - 4\%} = \frac{150}{1 - 4\%} = 156.25（美元）$$

答：价格应改报为每件 156.25 美元。

（4）佣金的支付

佣金的支付要按中间商提供服务的性质和内容而定，有以下做法：

①出口企业收到全部货款后将佣金另行支付给中间商或代理商。这种做法有利于合同的圆满履行。因为中间商为了取得佣金，不仅会尽力促成交易，还会负责联系、督促实际买主履约，协助解决履约过程中可能发生的问题，使合同得以顺利履行。但为了避免中间商的误解，应在与其确立业务关系时就明确这种做法，并最好达成书面协议。

②中间商在付款时直接从货价中扣除佣金。即出口企业收到的是除去佣金后的价款。采用这种做法，应注意防止重复支付佣金。

③有的中间商要求出口企业在交易达成后（尚未履行合同）就支付佣金。这种做法不能保证交易的顺利履行，因而一般不能接受。

我国服装出口业务中常用的是第一种方法，即收到全部货款后再另行支付佣金。佣金可以在合同履行后逐笔支付，也可以与中间商或代理商签订协议，按月、按季、按半年甚至一年汇总支付。为了发挥佣金的作用，充分调动外商的积极性，应按约支付佣金，防止错付、漏付。

【例】某出口公司向英国进口商出口商品，对外报价为 FOBC2% 上海每件 8 英镑，客户要求将佣金增至 5%。出口公司考虑后同意，但为使净收入不减少，价格应改报为多少？

解：应改报价为：

$$FOBC5\% = \frac{净价}{1-5\%} = \frac{8 \times (1-2\%)}{1-5\%} = 8.25（美元）$$

答：价格应改报为每件 8.25 美元。

5. 折扣的计算

折扣是卖方在原价基础上给予买方的一定比例的价格减让。通常，折扣在买方支付货款时预先扣除，所以卖方在开具发票时，应表明折扣，并在总价中予以扣除。折扣通常以成交额或发票金额为基础来计算，其公式为：

$$单位折扣额 = 原价（含折扣价）\times 折扣率$$

6. 价格条款举例

（1）净价条款举例

单价：每公吨 97 英镑 CIF 哥本哈根

总值：14550 英镑

Unit Price: at GBP 97 per metric ton CIF Copenhagen Incoterms® 2010

Total Value: GBP 14550 (Say Pounds Sterling Fourteen Thousand Five Hundred And Fifty Only)

（2）含佣价条款举例

①单价：每箱 0.70 美元 FOB 天津含 2% 佣金

总值：14850 美元

Unit Price：at USD 0.70 per box FOB Tianjin Incoterms® 2010 including 2% commission

Total Value：USD 14850（Say US Dollars Fourteen Thousand Eight Hundred And Fifty Only）

②单价：每公吨 1000 人民币元 CIFC3%新加坡

总值：50000 元人民币

Unit Price：at RMB¥（CNY）1000 per M/T CIFC3% Singapore Incoterms® 2010

Total Value：RMB¥（CNY）50000

（3）含折扣价条款举例

①单价：每件 45 美元 CIF 汉堡折扣 2%

总值：45000 美元

Unit Price：at USD 45 per piece CIF Hamburg Incoterms® 2010 less 2% discount

Total Value：USD 45000（Say US Dollars Forty-five Thousand Only）

②单价：每码 1000 日元 FOB 上海减 2%折扣

总值：556000 日元

Unit Price：at JPY 1000 per yard FOB Shanghai Incoterms® 2010 including 2% discount）

Total Value：JPY 556000（Say Japanese Yen Five Hundred And Fifty-six Thousand Only）

7. 规定价格条款时应注意的问题

①合理确定商品的单价，在计算时，费用要考虑全面具体，防止偏高或偏低。

②根据经济意图和实际情况，在权衡利弊的基础上选用适当的贸易术语。

③争取选择有利的计价货币，以免遭受币值变动带来的风险。如采用了对我方不利的计价货币，应争取订立外汇保值条款。

④参照国际贸易的习惯做法，注意佣金和折扣的运用。

⑤如果货物品质和数量约定有一定的机动幅度，则对机动部分的作价也应一并规定。

⑥单价中涉及的计价数量单位、计价货币、装卸地名称等必须书写正确、清楚，《2010 通则》中对贸易术语的表示给出了规定，在装卸地后面要加上"® 2010"。

五、操作示范

根据前面三个工作任务，操作示范如下：

（一）成本核算

实际成本＝采购成本－出口退税

HB0251 实际成本＝100－100/（1＋17％）×12％＝89.74（元人民币）
HB0265 实际成本＝120－120/（1＋17％）×12％＝107.69（元人民币）

（二）费用核算（表2-6）

表2-6 费用明细表

国内费用	
内陆运费（拼箱）1000件	1000/20×0.14308×60＝RMB 429.24（尺码吨＞重量吨）
内陆运费（20'）	RMB 900
检验费	RMB 200
银行手续费	0.25％×成交金额
贷款利息	6％×采购金额×2/12
证明书费	RMB 400（产地证、检验证）
报关费	RMB 200
核销费	RMB 10
公司综合费用	5％×每笔业务成交金额
国外运费	
海运费（1000件）	1000/20×0.14308×180＝USD1287.72（尺码吨＞重量吨）
海运费（20'）	USD3290
国外运输保险费	
保险费	CIF×110％×0.88％（美元）

（三）利润

$$利润＝报价×10\%$$

（四）集装箱容量

20英尺集装箱装载数量＝25/0.14308×20＝3480（件）
40英尺集装箱装载数量＝55/0.14308×20＝7680（件）

（五）产品HB0251报价核算

1. 拼箱（1000件）

(1) FOB＝89.74＋（429.24＋200＋400＋200＋10＋6％×100×1000/6＋FOB×
　　　　1000×0.25％＋FOB×1000×5％)/1000＋10％×FOB
　　　＝89.74＋2.24＋15.25％×FOB
　　　＝91.98＋15.25％×FOB
　　FOB＝108.52元＝15.89美元

(2) CFR＝89.74＋（429.24＋200＋400＋200＋10＋6％×100×1000/6＋CFR×1000×

$0.25\% + CFR \times 1000 \times 5\%)/1000 + 1287.72/1000 \times 6.83 + 10\% \times CFR$

$= 91.98 + 8.8 + 15.25\% \times CFR = 100.78 + 15.25\% \times CFR$

CFR=118.91 元=17.41 美元

(3) $CIF = 89.74 + (429.24 + 200 + 400 + 200 + 10 + 6\% \times 100 \times 1000/6 + CIF \times 1000 \times$

$0.25\% + CIF \times 1000 \times 5\%)/1000 + 1287.72/1000 \times 6.83 + 110\% \times$

$0.88\% \times CIF + 10\% \times CIF$

$= 100.78 + 16.22\% \times CIF$

CIF=120.29 元=17.61 美元

2. 整箱（20'）

(1) $FOB = 89.74 + (900 + 400 + 200 + 10 + 200 + 6\% \times 100 \times 3480/6 + FOB \times 3480 \times$

$0.25\% + FOB \times 3480 \times 5\%)/3480 + 10\% \times FOB$

$= 89.74 + 1.49 + 15.25\% \times FOB$

$= 91.23 + 15.25\% \times FOB$

FOB=107.64 元=15.76 美元

(2) $CFR = 89.74 + (900 + 200 + 400 + 200 + 10 + 6\% \times 100 \times 3480/6 + CFR \times 3480 \times$

$0.25\% + CFR \times 3480 \times 5\%)/3480 + 3290/3480 \times 6.83 + 10\% \times CFR$

$= 91.23 + 6.46 + 15.25\% \times CFR = 97.69 + 15.25\% \times CFR$

CFR=115.16 元=16.86 美元

(3) $CIF = 89.74 + (900 + 200 + 400 + 200 + 10 + 6\% \times 100 \times 3480 + CIF \times 3480 \times$

$0.25\% + CIF \times 3480 \times 5\%)/3480 + 3290/3480 \times 6.83 + 110\% \times$

$0.88\% \times CIF + 10\% \times CIF$

$= 97.69 + 16.22\% \times CIF$

CIF=116.60 元=17.07 美元

（六）产品 HB0265 报价核算

1. 拼箱（1000 件）

(1) $FOB = 107.69 + (429.24 + 200 + 400 + 200 + 10 + 6\% \times 120 \times 1000/6 + FOB \times$

$1000 \times 0.25\% + FOB \times 1000 \times 5\%)/1000 + 10\% \times FOB$

$= 107.69 + 2.44 + 15.25\% \times FOB$

$= 110.83 + 15.25\% \times FOB$

FOB=130.77 元=19.15 美元

(2) $CFR = 107.69 + (429.24 + 200 + 400 + 200 + 10 + 6\% \times 120 \times 1000/6 + CFR \times$

$1000 \times 0.25\% + CFR \times 1000 \times 5\%)/1000 + 1287.72/1000 \times 6.83 +$

$10\% \times CFR$

$= 110.13 + 8.8 + 15.25\% \times CFR = 118.93 + 15.25\% \times CFR$

CFR=140.33 元=20.55 美元

(3) CIF=107.69+（429.24+200+400+200+10+6‰×120×1000/6+CIF×1000×0.25％+CIF×1000×5％)/1000+1287.72/1000×6.83+110％×0.88‰×CIF+10％×CIF

=118.93+16.22％×CIF

CIF=141.96 元=20.78 美元

2. 整箱（20'）

(1) FOB=107.69+（900+200+400+200+10+6‰×120×3480/6+FOB×3480×0.25％+FOB×3480×5％)/3480+10％×FOB

=107.69+1.69+15.25％×FOB

=109.38+15.25％×FOB

FOB=129.06 元=18.90 美元

(2) CFR=107.69+（900+200+400+200+10+6‰×120×3480/6+CFR×3480×0.25％+CFR×3480×5％)/3480+3290/3480×6.83+10％×FOB

=109.38+6.46+15.25％×CFR=115.84+15.25％×CFR

CFR=136.68 元=20.01 美元

(3) CIF=107.69+（900+200+400+200+10+6‰×120×3480/6+CIF×3480×0.25％+CIF×3480×5％)/3480+3290/3480+110％×0.88‰×CIF+10％×CIF

=115.84+16.22％×CIF

CIF=138.27 元=20.24 美元

六、跟学训练

宁波海之伦服饰有限公司出口羽绒服至俄罗斯，请根据所学报价知识计算出两种货号的 FOB/CFR/CIF 的报价，商品资料如下：

品名	"ICEDEW" DOWN JACKET	
货号	NT418	NT357
颜色	BLACK/BROWN	BLACK/BROWN
包装方式	10PCS/CTN	15PCS/CTN
纸箱尺码	68CM×34CM×30CM	53CM×28.5CM×26CM
毛/净/纸箱	7.5/6.5KGS	6.5/5.5KGS
购货成本	75 元/件	58 元/件
起订数量	一个 20 英尺集装箱	一个 20 英尺集装箱

国内费用：

1. 出口包装费：6元/纸箱
2. 仓储费：3元/纸箱
3. 运杂费：300元/20英尺集装箱
4. 商检费：350元/20英尺集装箱
5. 报关费：120元/20英尺集装箱
6. 港口费：650元/20英尺集装箱
7. 其他费用：1300元/20英尺集装箱

增值税：17%

出口退税：16%

宁波至莫斯科的海运费：USD3825.00/20英尺集装箱

保险费率：一切险0.8%

汇率：6.42元人民币/1美元

预期利润率：10%

七、课外拓展

1. 假如你是一家自营进出口企业，要出口自己生产的产品，增值税可以抵扣，针对客户的询盘应该如何报价呢？

2. 针对上述跟学训练中的背景，若俄罗斯公司要求报FOBC3、CFRC3、CIFC3价格又该如何计算呢？

3. 如果上述跟学训练中的宁波海之伦服饰公司是请A公司代理出口，而A公司的代理费是每1美元收取0.1元人民币，若要保证利润不变，针对俄罗斯公司的询盘又该如何报价呢？

4. 某出口公司向美国出口一批服装，对外报价为CFRC3%洛杉矶每套19英镑，客户要求将佣金增至5%。出口公司考虑后同意，但为使净收入不减少，价格应改报为多少？

5. 远盛进出口贸易有限公司收到阿联酋LED公司求购5000打纯棉衬衫（一个40英尺集装箱）的询盘，经了解每打衬衫的进货成本为人民币120元（含增值税17%）；出口包装费每打3元，国内运杂费共计1200元，报关费150元，港区港杂费900元，其他各种费用共计1500元。远盛公司向银行贷款的年利率为8%，预计垫款两个月（贷款利息通常以进货成本为基础），银行手续费率为0.5%（按成交价计），出口纯棉衬衫的退税率为16%，宁波到迪拜的海运费共3800美元，客户要求按成交价的110%投保，保险费率为0.85%，并包括3%佣金。若远盛公司的预期利润为成交额的10%，人民币对美元的汇率为6.85∶1，试报每打纯棉衬衫的FOB、CFR、CIF及CIFC3价格。

6. 某出口公司收到国外客户来电，询购一批服装，要求报每件货物CIFC3%的美元价。已知下列条件：该货国内购货成本每件50元人民币（含17%增值税），费用定额率为 10%，该出口公司的预期利润为 10%（以出口成本为基础），出口退税率为 9%。该货为纸箱装，每箱 20 件。从装运港至进口国目的地港的海运费为每箱 20 美元。海运出口保险按 CIF 价加 10% 投保一切险、战争险，费率为 0.8%。（设人民币对美元汇率为 6.8 元换 1 美元）

计算：

（1）求应报的每件 CIFC3% 美元价。

（2）如外商在我方所报价格基础上还价 10%，我方利润还有多少？

（3）如以外商所还价格成交，而保持我方利润率不变，则国内进货价格应调整为多少？

学习情境三：服装出口合同条款的磋商
——标的条款

一、学习目标

1. 能力目标
（1）能正确理解和把握服装出口合同的标的条款
（2）能熟练拟定出合同的标的条款

2. 知识目标
（1）熟悉服装的品质、数量、包装条款的内容及表述方法
（2）掌握唛头的制作方法、各种度量衡制度中常用单位、定牌、无牌中性包装的概念

二、工作情景

宁波某进出贸易有限公司（NINGBO XX IMPORT AND EXPORT TRADING CO., LTD.）的陈明在进行价格核算后，想就合同条款中的标的条款做好磋商前的准备工作。

三、任务描述

根据上述背景资料，请你以公司业务员陈明身份从卖方角度就标的条款进行草拟，具体说来，完成以下任务：

工作任务一：确定品质条款
工作任务二：确定数量条款
工作任务三：确定包装条款

四、知识准备

服装的品质、数量与包装是服装贸易合同标的的重要内容。在服装贸易中，服装品质决定了服装的价值及售价，而任何一批服装的买卖又都离不开一定的数量，从工厂生产出来的服装为了便于销售与长途运输，都要进行适当的包装。所以在买卖合同中明确服装品质、数量及包装，是进行交易洽谈、签订合同必须首先解决的问题。如果卖方所交的服装不符合合同规定的内容，买方就有权拒绝接收服装并要求卖方赔偿损失。

（一）服装的品质条款

良好的商品品质是参与国际市场竞争的重要基础。近年来，随着各国消费者消费水平

和消费结构的变化，国际消费者对商品品质的要求越来越高，国际市场上日趋激烈的商品竞争已逐渐从价格竞争转向非价格的竞争。因此，提高商品品质，根据消费者现实和潜在的需要改进、完善商品品质，保证商品品质的稳定性，已成为各国生产厂商、销售商增强自身竞争力的重要手段。

完善商品品质是发展对外贸易的基本途径和方法。由于各国贸易摩擦的不断加剧，尤其是技术性贸易壁垒包括环境保护要求的不断提高，使许多国家不仅把商品本身的品质，而且把产品的生产过程作为市场准入的要求。如有些国家规定，凡含氟或者生产过程中使用了氟产品，一律不准进口。因此，提高和完善商品品质（包括商品生产过程），已成为许多生产厂商、销售商冲破品质保护壁垒，扩大出口的途径和方法。

坚持"以质取胜"是提高企业国际竞争力的基本战略。坚持"品质第一，信誉第一"的指导思想，重视科技开发，加强新产品的研制，提高商品品质和技术含量，努力做到按国际惯例和国际标准组织生产。同时，加强国际贸易商品的检验工作，严把商品品质关，是提高企业国际竞争力最基本的工作。

服装的品质是指服装的内在质量和外观形态。例如：服装的规格尺寸，面料和辅料的成分含量；服装的色彩和色差；款式和加工的质量；服装材料的安全、卫生、环保及检验标准等。

1. 服装品质的表示方法

表示服装品质的方法大致有两种，一是以实物来表示，二是以文字说明来表示。但在具体操作过程中应根据不同的服装种类和交易习惯以及交易磋商的方式来确定。在服装贸易中比较常见的是用实物来表示。

（1）看货买卖（Sale by Inspection）

这是根据现有的服装实际品质进行买卖，由买方或者买方的代理人在卖方的工厂或者销售服装的场所，检视卖方准备出售的服装认可后达成的交易，卖方只要交付经过买方检视认可的服装，买方就不能对其服装的品质提出异议。

（2）凭样品买卖

样品（sample）通常是从一批商品中抽出来的或由生产、使用部门设计加工出来的，足以反映和代表整批商品品质的少量实物，凡以样品表示商品品质并以此作为交货依据的，称为"凭样品买卖"。

凭服装样品买卖是买卖双方按照约定凭服装样品作为交货品质依据的交易方法，通常是指从一批服装中抽出或者由设计、生产部门设计加工出来的服装样品，它是能够代表整批服装品质的实物，并作为交货品质的依据。如果卖方所交的服装与样品不相符，买方就有权提出索赔，甚至拒收服装，撤销合同。

在国际贸易中，按样品提供者的不同，可分为以下几种：

①凭卖方样品买卖（Sale by Seller's Sample）。由卖方提供的样品称为"卖方样品"，凭卖方样品作为交货的品质依据者，称为"卖方样品买卖"。在此情况下，在买卖合同中应标明："品质以卖方样品为准"（Quality as seller's sample）。日后，卖方所交正货的品

质，必须与提供的样品相同。卖方的服装样品应是具有代表性的样品，是能够平均反映服装品质的样品。

②凭买方样品买卖（Sale by Buyer's Sample）。买方为了使其订购的商品符合自身要求，有时提供服装样品交由卖方依样承制，如卖方同意按买方提供的样品成交，称为"凭买方样品买卖"。在这种场合，买卖合同中应标明："品质以买方样品为准"（Quality as buyer's sample）。日后，卖方所交正货的品质，必须与买方样品相符。

③对等样品（Counter Sample）。在国际贸易中，谨慎的卖方往往不愿意承接凭买方样品交货的交易，以免因交货品质与买方样品不符而招致买方索赔甚至退货的风险，在此情况下，卖方可根据买方提供的样品，加工复制出一个类似的样品交买方确认，这种经确认后的样品，称为"对等样品"或"回样"，也称之为"确认样品"（Confirming Sample），当对等样品被买方确认后，则日后卖方所交货物的品质，必须以对等样品为准。

此外，买卖双方为了发展贸易关系和增进彼此对商品的了解，往往采用互相寄送样品的做法，这种以介绍商品为目的而寄出的样品，最好标明"仅供参考"（for reference only）字样，以免与标准样品混淆。

凭样品买卖一般适用于一些难以规格化、等级化、标准化的商品，其基本特征难以以文字描述。《联合国国际货物销售合同公约》规定：卖方交付的货物必须与合同所规定的质量相符。卖方对风险移转到买方时所存在的任何不符合同情形负有责任，即使这种不符合同情形在该时间后方始明显。因此，凭样品成交一定要慎重，在使用凭样品买卖时，应特别注意以下问题：

①卖方交货品质必须与样品完全一致。买方应有合理的机会对卖方交付的货物与样品进行比较，买方对与样品不符的货物，可以提出赔偿要求甚至拒收货物。

②采取措施防止在履约过程中可能产生品质方面的争议。凡能用客观的指标表示商品品质的，尽量避免采用凭样品买卖的方式。对于确实需要采用凭样品买卖的商品，则应在订立合同时增加弹性条款，如：品质与样品相似（quality to be nearly the same to the sample）或者品质与样品大致相同（quality be similar to the sample）。

③采用凭买方样品买卖时，要特别注意防止侵犯第三方工业产权。根据《联合国货物销售合同公约》的规定，对于依照买方提供的技术图样、图案、程序或其他规格生产的产品，如果第三方提出该产品侵犯了其工业产权或其他知识产权，卖方对此不负责任。为了避免纠纷，最好在品质条款中对此做出声明。

但是，随着国际社会对此类侵权越来越重视，许多国家纷纷从法律、法规、行政措施上加强完善知识产权的保护。一旦发生了侵权问题，作为侵权商品的生产者、出售者，仍然难以逃脱其应承担的侵权责任。因此，在接受买方样品时，一定要谨慎细致地调查，以防在不知情的情况下成了侵犯他人知识产权的被告。

④结合其他描述商品品质的有效方法完善凭样品买卖。例如，在纺织品服装交易中，"色样"（Color sample）用来表示商品的色泽，"款式样"（Pattern sample）用来表示商品

的造型,而对这些商品其他方面的品质规定通过文字说明来表示。

⑤凡凭样品买卖,为了避免双方在履约过程中产生品质争议,必要时还可以使用"封样"(Sealed sample),即由第三方或公证机关在一批商品中抽取同样品质的样品若干份,每份样品用铅丸、钢卡、封条、封识章等各种方式加封留存备案。

> ☆Case:
> 　　我外贸公司向新加坡某公司出口一批童装,颜色为浅黄、深红、米色三种,合同中规定"凭卖方样品买卖"。当买方收到货物后,发现所交童装颜色与样品有很大差别而拒付货款。后来经双方协商,以我方降价10%为条件,买方才付清货款。请问:从此案例中我方应吸取哪些教训?

(3) 凭商标和品牌买卖（Sale by Trade Mark or Brand）

商标（Mark）是指生产者或商号用来说明其所生产或出售的商品的标志,它可由一个或几个具有特色的单词、字母、数字、图形或图片等组成。品牌（Brand）是指工商企业给其制造或销售的商品所冠的名称,以便与其他企业的同类产品区分开来。在国际贸易中,凭商标或品牌买卖（Sale by trade mark or brand）一般适用于品质稳定的工业制成品或者半成品。在市场上销售已久,品质稳定,信誉良好的产品,其商标或品牌本身实际上就是一种品质的象征。人们在交易中可以只凭商标或品牌买卖,无须对品质做出具体的描述。

对于服装来说,商标和牌号是生产厂商为自己生产和销售的服装所设计和注册的标志和名称。一些在市场上已经树立一定信誉的企业,它们的品质稳定并且为广大消费者所熟悉,它们的商标和牌号也代表一定的品质,也就是名牌产品。但这些服装还具有很多的规格和款式,所以在凭商标买卖时还需要标明其他规格指标。

2. 服装品质公差和机动幅度的规定

(1) 品质公差

品质公差是国内同行业或国际上公认的品质差异,也可以是买卖双方确认的品质差异,卖方的服装品质在品质公差的范围外就算违约。按照GB/T2660—1999国家标准中规定的衬衫成品主要部位规格极限偏差规定,衫长±1.0cm,袖长±0.8cm,明线的针距密度在3cm内,不少于14针（一般衬衫）,以及产品色差规定等,但是这种公认范围需要经过买卖双方的认可,并在合同中做出明确的规定。中华人民共和国衬衫、棉服装的缝制密度及成品主要部位规格极限偏差如表3-1~表3-4所示。

表3-1　衬衫缝制针距密度　　　　　　　　　　　单位:针

项目	针距密度	备注
明线	3cm不少于4（一般衬衫）	包括暗线
	3cm不少于11（棉衬衫）	
包缝线	3cm不少于12	包括锁缝（链式线）
锁眼	3cm不少于15	
钉扣	每眼不低于6根线	

表 3-2　棉服装缝制针距密度　　　　　　　　　　　　　　　　单位：针

项目	针距密度		备注
明暗线	3cm 不少于 12		包括暗线
包缝线	3cm 不少于 9		
绗线	3cm 不少于 9		机绗、装饰绗线除外
锁眼	平头眼	1cm 不少于 15	
	圆头眼	1cm 不少于 15	

表 3-3　衬衫成品主要部位规格极限偏差　　　　　　　　　　　单位：cm

部位名称	一般衬衫	棉衬衫
领大	±0.6	±0.6
衫长	±1.0	±1.5
长袖长	±0.8	±1.2
短袖长	±0.6	—
胸围	±2.0	±3.0
肩宽	±0.8	±1.0

表 3-4　棉服装成品主要部位规格极限偏差　　　　　　　　　　单位：cm

部位名称		男子、女子	儿童
		允许偏差	允许偏差
衣长	上衣	±1.5	−1.5
	大衣	±2.0	−1.5
胸围		±3.0	−2.0
领围		±1.0	−0.8
总肩宽		±1.0	−0.8
袖长	绱袖	−1.0	−1.0
	连肩袖	−1.5	−1.4
裤长		±2.0	−1.5
腰围		±2.0	−1.0

（2）品质的机动幅度

品质的机动幅度是指对某些初级产品，由于卖方所交货物品质难以完全与合同规定的品质相符，为便于卖方交货，往往在规定的品质指标外，加订一定的允许幅度。允许卖方提供服装的品质指标有一定灵活性的幅度。例如：服装材料的羊毛含量，羽绒量的百分比，按照 GB/T 2660—1999 国家标准规定衬衫中的成品释放甲醛含量≤100mg/kg，GB/T 2662—1999 国家标准规定棉服装中的成品释放甲醛含量：成人棉衣≤150mg/kg，儿童棉衣≤100mg/kg 等。

品质机动幅度的规定方法有下面几种：

①规定一定的范围，即对品质指标的规定允许有一定的差异范围。卖方交货，只要在

此范围内都算合格。例如：

色织条格布	幅宽	104/107cm
Yarn-dyed Gingham	Width	104/107cm

即，色织条格布的幅宽只要在104～107厘米之间，都属于合格。

②规定一定的极限，指对所交货物的品质规格，规定上下极限，即最大，最高，最多为多少；最小，最低，最少为多少，卖方交货只要没有超过规定的极限，买方就无权拒收。例如：

白籼米	White Rice	Long-shaped
碎粒最高20%	Broken Grains	20% max.
杂质最高0.25%	Ad-mixture	0.25 max.
水分最高15%	Moisture	15% max.

③规定上下差异。即在规定某一具体指标的同时，规定必要的上下变化幅度。例如：灰鸭毛，含绒量18%，允许上下浮动1%。
Grey Duck's Down with 18% down content 1% more or less allowed.

（3）品质增减价条款

①对机动幅度内的服装品质差异，可以根据交货时的实际品质，按规定予以加价或减价。

②只规定交货的服装品质机动幅度的下限和扣价，品质高于合同规定标准的则不予增价。

③在第二种方法的基础上，对在品质机动幅度范围内的服装，按品质低劣的程度，采用不同的折价方法。

检验服装品质是否符合合同品质规定的等级，以保证服装产品的质量是必要的。服装等级的划分有：优等品，样品中的优等品数≥90%，一等品、合格品≤10%，不含不合格品；一等品，一等品以上的产品数≥90%，合格品数≤10%，不含不合格品；合格品，样品中的合格以上产品数≥90%，不合格品≤10%，不含严重缺陷不合格品。

根据服装等级的划分可以规定，低于合同品质规定1%，扣价1%。低于合同品质1%以上，加大扣价的比例。例如低于合同品质规定1.5%，扣价3%，以此来限制卖方所交的服装品质，保证产品的质量。

3. 服装贸易合同中的品质条款举例

【例1】凭样品买卖的品质规定

质量应严格符合卖方于2010年3月10日提供的样品。样品号WN003：女士T恤
Quality to be Strictly as per Sample Submitted by Seller on 10th March, 2010. Sample number WN003: Women T shirt

【例2】凭规格买卖的品质规定

儿童裙子：棉：70%，尼龙：15%，真丝：15%

Children skirt：Cotton：70％，Nylon：15％，Silk：15％

☆Case：

我某外贸公司向英国出口一批高档羊毛衫，合同规定羊毛含量应为 95% 以上。当货物抵达目的地港后，买方提出所交羊毛衫经当地权威机构检验的羊毛含量仅为 94.2%，与合同规定不符，并出具相应检验证书，因此要求我方赔偿 15000 英镑的损失。请问：我方应如何处理？从中应吸取什么教训？

（二）服装的数量条款

商品的数量是国际贸易中不可缺少的主要条件之一。商品的数量，是指以一定的度量衡单位表示的货物的重量、数量、个数、长度、面积、体积、容积的量。正确掌握成交数量，对促进交易的达成和争取有利的价格具有重要的作用。数量是买卖双方交接货物的依据，没有商品数量的交易就不是交易，所以，作为商品买卖必须有一定商品数量的表示。

1. 服装的计量单位

在国际贸易中，对于服装来说，主要的计量单位是件（PCE）、套（SET）等。

2. 其他商品计量方法

在国际贸易中，除了服装类商品外，有很大部分商品按重量计量，根据一般商业习惯，计量重量的方法有以下几种：

（1）毛重（Gross Weight）

毛重是指商品本身的重量加包装的重量，一般适用于低值商品。例如，用麻袋包装的大米、蚕豆可采用毛重计量，即以毛重作为计量价格和交付货物的计量基础，这种计重方法在国际贸易中称为"以毛作净"（Gross for Net）。由于这种计量方法直接关系到价格计算，因此在销售上述种类的商品时，不仅在规定数量时，须明确"以毛作净"，在规定价格时，也应加注此条款，例：红小豆，每公吨 300 美元，以毛作净。

（2）净重（Net Weight）

净重是指商品本身的重量，即除去包装后的商品实际重量（净重＝毛重－皮重）。净重是国际贸易中最常见的计重方法。在采用净重计重时，对于如何计算皮重，国际上有下列几种做法：

①按实际皮重（Actual Tare）计算。是指将整批商品的包装逐一过秤，算出每一件包装的重量和总重量。

②按平均皮重（Average Tare）计算。是指从全部商品中抽取几件，秤其包装的重量，除以抽取的件数，得出平均数，再以平均每件的皮重乘以总件数，算出全部包装重量。

③按习惯皮重（Customary Tare）计算。是指按市场已公认的规格化的包装计算皮重，即用标准单件皮重乘以总件数即可。

④按约定皮重（Computed Weight）计算。是指按买卖双方事先约定的皮重作为计算

的基础。计算皮重的方法,应依交易商品的特点,以及商业习惯的不同,由买卖双方事先商定,并在买卖合同中做出具体规定。

(3) 公量（Conditioned Weight）

公量是指用科学仪器抽去商品中的水分,再加上标准的含水量求得的重量。这种方法适用于经济价值高,而含水量极不稳定的商品,如棉花、羊毛、生丝等。公量的计算公式为:

$$公量 = 干量 + 标准含水量$$

$$= \frac{实际重量 \times (1 + 标准回潮率)}{1 + 实际回潮率}$$

有些按公量计算的商品,在国际上一般有公认的标准回潮率。如,生丝/羊毛国际上公认的标准回潮率为11%。

【例】某毛纺厂从澳大利亚进口羊毛10公吨,双方约定标准回潮率为11%,用科学仪器抽出水分后,羊毛净剩8公吨,问:该批羊毛的公量为多少?

解：实际回潮率 $= \frac{水分}{干重} = \frac{10-8}{8} \times 100\% = 25\%$

$$公量 = \frac{实际重量 \times (1 + 标准回潮率)}{1 + 实际回潮率} = \frac{10 \times (1 + 11\%)}{1 + 25\%}$$

$$= 8.88 （公吨）$$

答：该批羊毛的公量为8.88公吨。

(4) 理论重量（Theoretical Weight）

是指一些按固定规格生产和买卖的商品,每件重量大体是相同的,只要其重量一致,一般可以根据其件数推算出总重量。如马口铁/铅锭等。

(5) 法定重量（Legal Weight）

是海关依法征收从量税时,作为征税基础的计算方法,是指商品本身重量加上直接接触商品的包装物料,如销售包装等的重量。

3. 合同中的数量条款

合同中的数量条款是重要条款,一般包括总数量、单位数量、计量单位,是买卖双方交接货物和处理数量争议的依据。按重量成交的商品,还需标明计算重量的方法。在服装贸易的出口交易中我方必须严格按照合同规定的数量条款备货,总数量、单位数量、计量单位都要与合同完全一致,以免造成不必要的损失。但由于自然条件的影响,或受包装和运输条件的限制,实际交货数量往往不易符合合同规定的交货数量。尤其对于大宗散装货物,还需要规定数量机动幅度,即在合同中对交货数量的幅度范围做出规定,一般有两种规定方法:

(1) 溢短装条款

在国际贸易中,有些大宗商品,如谷物、油类、大豆、化肥、水果等,由于受货物本身特性、生产、运输、包装以及计量工具的限制,在交货时不易精确计算。因此在实际的交易过程中,买卖双方通常在合同中规定合理的数量机动幅度,只要卖方交货数量在约定的增减幅度范围内,就视同按合同规定数量交货,买方不得以交货数量与合同不符为由拒收货物或提出赔偿。

这种数量机动幅度又称为"溢短装条款（More or less clause）"，即在具体数量前明确增加或减少的百分比。在实际做法中，也可以用"plus or minus"或符号"±"来代替。例如：出口服装面料，400 平方米，5%溢短装，由卖方选择（400square meters，5% more or less at seller's option）。

溢短装一般由卖方决定，有时也由买方决定。如果交易数量大，价格又经常发生变化，为了防止买卖双方利用溢短装条款，故意多装或少装，可以规定溢短装只为了适应船舶等运输工具的需要时才适用。在交货数量与船只的舱容关系十分密切的情况下，一般由安排运输工具的一方决定，也可由承运人决定。不管是谁行使选择权，最好在合同中明确注明，避免产生争议。

对溢短装的货物计价有两种办法：一是按合同价格计算。另一种是按照装船日或到货日的市场价格计算，其目的是防止有权选择溢短装的一方为了获取额外利益而有意多交或少交货物。如果合同中对溢短装的计价方法没有规定，按照国际惯例，一般根据合同价格计算。

（2）规定数量极限

有时，我们也可在合同中规定交货数量的最大值和最小值。如"最多 2000 吨，最少 1500 吨"，那么，卖方只要在交货时数量在 1500～2000 吨之间，即符合合同约定。

在实际业务中，还有以"大约"，"近似"，"左右"来表示交货数量的增减范围。约量规定法是指合同数量前加"约"字，对此各国解释不一，有的为 2%，有的为 2.5%或 5%。国际商会《跟单信用证统一惯例》（国际商会第 600 号出版物）第 30 条 a 款规定："凡'约''大概''大约'或类似的词语，用于信用证金额、数量和单价时，应解释为有关金额、数量或单价不超过 10%的增减幅度。"因此，出现"大约"字样时，可按 10%增减，但为了避免争议，一般不采用约量表示机动幅度，即使采用，也要求双方就这种约定做出具体规定，并达成书面协议。

4. 数量条款的注意事项

为避免发生争议，买卖双方应事先约定并在合同中订明交货数量的机动幅度。

☆Case：

某贸易公司向外商出口一批服装，合同中规定每箱装 20 件。但在交货时，有的一箱 20 件，有的一箱 15 件，虽然总数不差，而且每箱大小及所用材料一致，但仍遭买方拒收，理由是与合同数量条款不符。试问：我方是否有责任？

《联合国国际货物买卖合同公约》在第 35 条中规定：按约定的数量交付货物是卖方的一项基本义务。如果卖方交付货物数量大于合同规定的数量，买方可以拒收多交的部分，也可以收取多交部分中的一部分或全部，但应按合同价款执行；如卖方交货数量少于合同规定，卖方应在规定的交货期内补交不足部分，但不得给买方造成不合理的不便或承担不合理的开支，即便如此，买方也保留要求损害赔偿的权利。

(三) 服装的包装条款

商品包装 (Packing) 是为了有效地保护商品品质的完好和数量的完整,采用一定的方法将商品置于合适容器中的一种方法、措施。商品的包装是商品生产的延续,凡需要包装的商品,只有通过包装才能进入流通领域和消费领域,才能实现商品的使用价值和价值。但是由于商品种类繁多,性质、特点和形状各异,因而它们对包装的要求也各不相同,除少数商品难以包装,不值得或根本没有包装的需要而采取裸装或散装的方式外,其他绝大多数商品都需要有适当的包装。

服装商品的包装是为了保护服装在流通过程中品质完好和数量完整的一种重要的手段,它不仅便于服装的储存、保管、运输,而且还是美化服装、宣传服装、促进销售、方便使用和提高服装销售价值的重要手段。

1. 包装种类

服装的包装按其作用可分为销售包装和运输包装。

(1) 销售包装

销售包装又称内包装、单件包装,直接包装,是服装生产过程的最后工序,它跟随服装销售给消费者。它不仅起储存和保护的作用,还起着美化商品、宣传商品、方便服装陈列展销和帮助消费者识别、选购和携带的作用,是树立企业形象提高产品知名度的重要手段。随着人们审美意识的提高,厂家对产品广告竞争意识的加强和科学技术的进步,对服装包装的要求也越来越高,包装的质量和装饰也更加精美。

服装的包装应美观大方、和谐、富有创造性和艺术性,但是对不同国家和地区的服装包装应该考虑其民族的习惯和爱好及装饰风格,而采用不同的色彩和图案。各国喜爱和厌恶的色彩、图案见表3-5、表3-6。

表3-5 各国喜爱和厌恶的图案

国家或地区	喜爱的图案	厌恶的图案
英国		象、山羊
法国		黑桃
意大利		菊花
捷克		红三角
东南亚国家	象	
新加坡	双喜	
日本		荷花
土耳其	鸭子	
伊朗	狮子	
美国		熊
南美洲一些国家	猫头鹰	
北非一些国家		狗

表 3-6　各国喜爱和厌恶的色彩

国家或地区	喜爱的色彩	厌恶的色彩
法国		黑绿色、黄色
德国		茶色、黑色、深蓝色
比利时		
瑞士、西班牙		黑绿色、蓝色
挪威	红色	黑色
瑞典、意大利、爱尔兰、奥地利	绿色	
荷兰	橙色、蓝色	
日本	黑色	绿色
新加坡、马来西亚、巴基斯坦	绿色	黄色
伊拉克	绿色、蓝色	
土耳其	绯红色、白色、绿色	花色
埃塞俄比亚、巴西、秘鲁		淡黄色
委内瑞拉	黄色	绿色
巴拉圭		绿色

销售包装除印有商标、牌名、产地、规格、成分外，还要有条形码。条形码（Product Code 或称 Barcode）是一种产品代码，它是一组粗细间隔不等的平行线及其相应的数字组成的标记，如图 3-1 所示。这些线条和空间表示一定的信息，通过光电扫描阅读装置输入相应的计算机网络系统，即可判断出该商品的生产国别或地区、生产厂家、品种规格和售价等一系列有关该产品的信息。它是货物进入超级市场和大型百货商店的先决条件。

图 3-1　条形码

国际上通用的条码种类很多，主要有以下两种：一种是美国统一代码委员会编制的 UPC 条码（Universal Product Code），另一种是由欧洲共同体成立的欧洲物品编码协会（后改名为国际物品编码协会）编制的 EAN 条码（European Article Number）。目前使用 EAN 物品标识系统的国家（地区）众多，EAN 系统已成为国际公认的物品编码标识系统。条形码下端有 13 位阿拉伯数码，其中前 3 位数表示商品的产地，随后 4 位数表示生产厂家，其后 5 位数表示商品类别，最后 1 位数是检查码。

为了适应我国对外经济技术交流不断扩大的要求，国务院于 1988 年批准成立了中国物品编码中心，该中心于 1991 年 4 月代表中国加入国际物品编码协会，并成为正式会员，统一组织、协调、管理我国的条码工作。目前国际物品编码协会分配给我国的国别号为"690"、"691"和"692"，凡由"690"、"691"和"692"开头的条形码的商品，即表示是中国的商品。

(2) 运输包装

运输包装又称外包装（Outer Packing），是指服装在运输过程中作为一个计件单位的包装。它的主要作用是保护商品便于运输、储存、计数等。常用的有箱（Case），例如纸箱（Carton）、木箱（Wooden Case）。运输包装也有不同的规格要求，有内装服装的件数、套数和为了便于运输单件包装的重量和尺寸。运输包装不要太重（一般在25kg），并且印有其包装的标志。例如：

①纸箱装，每箱25kg，净重（In Cartons of 25kgs Net Each）。

②木箱装，每箱25kg，净重（In Wooden Cases of 25kgs Net Each）。

③集装箱装，国际上常用的集装箱有20英尺（$8'\times8'\times20'$）和40英尺（$8'\times8'\times40'$）两种，国际上以20英尺为"标准箱"。

集装箱（Container）是一种按规格标准化的铁柜。集装箱的特色，在于其格式划一，并可以层层重叠，所以可以大量放置于特别设计的远洋轮船，为世界各地的生产商提供比空运更廉价的大量运输服务。货物经集装之后，在水陆空转运的过程中就不需要再卸下装上卸下装上，所以可以节省货主和船东的费用。

④托盘（Pallet），托盘是按一定规格制成的单层或双层平板载货工具，在平板上集装一定数量的单件货物，并按一定要求捆扎加固，组成一个运输单位，便于运输过程中使用机械进行装卸、搬运和堆放。作为与集装箱类似的一种集装设备，托盘现已广泛应用于生产、运输、仓储和流通等领域，被认为是20世纪物流产业中两大关键性创新之一。

托盘一般以木质为主，也有塑料托盘、纸托盘、金属托盘和复合材料托盘。按照托盘的结构，又分为平托盘、柱式托盘、箱式托盘、轮式托盘和专用托盘。

2. 包装标志

包装标志是指在服装的运输包装中用文字、图形和数字等书写和印刷的标志。主要为了方便在运输、保管、装卸和检验的过程中，对服装的识别及加强对服装的管理，针对不同的服装而采取必要的保护措施。包装标志主要有运输标志和指示性标志、警告性标志。

（1）运输标志

运输标志又称唛头（Shipping Mark），它通常是由一个简单的几何图形和一些字母、数字及简单的文字组成，其作用在于使货物在装卸、运输、保管过程中容易被有关人员识别，以防错发错运。

运输标志在国际贸易中还有其特殊的作用。按《联合国国际货物买卖合同公约》规定，在商品特定化以前，风险不转移到买方承担。而商品特定化最常见的有效方式，是在商品外包装上，标明运输标志。此外，国际贸易主要采用的是凭单付款的方式，而主要的出口单据如发票、提单、保险单上，都必须显示出运输标志。商品以集装箱方式运输时，运输标志可被集装箱号码和封口号码取代。

由国际标准化组织推荐使用的运输标志主要包括四项内容：

①收货人代号：收货人或者买方的名称缩写或简称。

②目的地：表明货物最终抵运地点。如需转运则表明转运地点。如果目的地有重名，则必须列明国别或地区名称。不能使用缩写或简称。

③参考号：一般为合同号、信用证号、发票号码等。

④件号：主要说明本件货物与整批货物的关系。如：NO.1-20表示本批货物一共20件，1则表示本件是20件中的第一件。

另外，国际标准化组织建议的唛头应为4行，每行不得超过17个字母，不采用几何图形。（因为几何图形不能用打字机一次做成，且易有所疏漏）。例如：

SGL 　　　　　　　　　　收货人缩写
88/S/C—179345　　　　　合同号码
NEW YORK　　　　　　　 目的地港名称
NO.1-500　　　　　　　　箱号或件数

☆Case：

我某外贸公司出口一批衬衫，在与外商签订合同时规定由卖方出唛头。因此，我方在备货时就将唛头刷好，但到即将装船时，国外开来的信用证上又指定了唛头，请问在这种情况下我方应如何处理？

（2）指示性标志

指示性标志（Indicative Mark）又称注意标志或安全标志，是提示人们在装卸、运输和保管过程中需要注意的事项，一般都以简单醒目的图形和文字在包装上标出。例如：小心轻放（Handle with Care），防潮（Keep Dry），请勿用钩（Use No Hooks），请勿抛掷（Don't Throw Down）等。在运输包装上标什么样的指示标志，应根据商品的特性而选用。在文字使用上，最好采用出口国和进口国的文字，但一般使用英文居多。指示性标志一般印成黑色。

为了统一各国运输包装指示性标志的图形与文字，一些国际组织，如国际标准化组织、国际航空运输协会和国际铁路货运会议分别制定了包装的指示性标志，并建议各个会员国采用。我国制定有运输包装或指示性标志的国家标准，所用图形与国际上通用的基本一致。图3-2列举了一些常用的指示性标志和使用方法。

（3）警告性标志

警告性标志（Warning Mark）又称危险品标志，是指在易燃品、爆炸品、有毒品、腐蚀性物品、放射性物品的运输包装上标明其危险性质的文字或图形说明，提醒有关人员加以注意，采取相应的防护措施，保护物资和人员安全，防止造成环境污染或人身伤害。常见的警告性标志如图3-3所示。

（4）其他标志

除以上包装标志外，运输包装上通常都标有重量和体积标志（Weight and Volume Mark），表明该运输包装的体积和毛重，目的是方便储运过程中相关人员安排装卸作业和舱位。

例如：Gross weight（G.W.）　　　30kg
　　　 Net weight　 （N.W.）　　　25kg
　　　 Measurement：103cm×50cm×20cm

(1) 易碎物品

运输包装件内装易碎品，因此搬运时应小心轻放。

(2) 禁用手钩

搬运运输包装时禁用手钩。

(3) 向上

表明运输包装件的正确位置是竖直向上。

(4) 怕晒

表明运输包装件不能直接照射。

(5) 怕辐射

包装物品一旦受辐射便会完全变质或损坏。

(6) 怕雨

包装件怕雨淋。

(7) 重心

表明一个单元货物的重心。

(8) 禁止翻滚

不能翻滚运输包装。

(9) 此面禁用手推车

搬运货物时此面禁放手推车。

(10) 堆码层数极限

相同包装的最大堆码层数，n表示层数极限。

(11) 堆码重量极限

表明该运输包装件所能承受的最大重量极限。

(12) 禁止堆码

该包装件不能堆码并且其上也不能放置其他负载。

图3-2 常用的指示性标志

有时，我们也将商品产地标于外包装上，作为商品说明的一个重要内容，称为产地标志（Original Mark）。它是各国海关统计和征税的重要依据。例如：MADE IN CHINA。在实际操作中，这些标志一般印刷在商品外包装的一侧或两侧，以同时印刷在两侧为好。

3. 定牌、无牌和中性包装

在出口商品的包装上，通常标有生产国别、生产商及出口商使用的商标和牌号。但有时应进口方的要求，也可以采用定牌、无牌或中性包装等国际贸易中的习惯做法。

(1) 定牌

定牌是指企业本身有一定的生产能力，但市场营销渠道有限，为了取得经济效益并降低生产风险，企业通过接受合同委托方式为其他同类产品厂家等注册商标的所有人生产指定的产品，所生产的产品由委托方买断，并直接贴上委托方的品牌商标的生产合作方式。

爆炸品标志
(符号:黑色;底色:橙红色)

爆炸品标志
(符号:黑色;底色:橙红色)

爆炸品标志
(符号:黑色;底色:橙红色)

易燃气体标志
(符号:黑色或白色;底色:正红色)

不燃气体标志
(符号:黑色或白色;底色:绿色)

有毒气体标志
(符号:黑色;底色:白色)

易燃液体标志
(符号:黑色或白色;底色:正红色)

易燃固体标志
(符号:黑色;底色:白色红条)

自燃物品标志
(符号:黑色;底色:上白下红)

遇湿易燃物品标志
(符号:黑色或白色;底色:蓝色)

氧化剂标志
(符号:黑色;底色:柠檬黄色)

有机过氧化物标志
(符号:黑色;底色:柠檬色)

剧毒品标志
(符号:黑色;底色:白色)

有毒品标志
(符号:黑色;底色:白色)

有害品标志
(符号:黑色;底色:白色)

感染性物品标志
(符号:黑色;底色:白色)

一级放射性物品标志
(符号:黑色;底色:白色,附一条红竖线)

二级放射性物品标志
(符号:黑色;底色:上黄下白,附两条红竖线)

三级放射性物品标志
(符号:黑色;底色:上黄下白,附三条红竖线)

腐蚀品标志
(符号:上黑下白;底色:上白下黑)

杂类标志
(符号:黑色;底色:白色)

图3-3 常用的警告性标志

采用定牌，对于买方（一般是大百货公司、超级市场和专业商店）来讲，是为了扩大本商店的知名度和显示该商品的身价；对于卖方来说，可以利用买主的经营能力和商业信誉，提高售价和扩大销路，所以也愿意接受定牌生产。

在我国的出口业务中，定牌的具体做法主要有以下三种：

①对某些国外大量的长期的稳定的订货，为了扩大销售，可以接受买方指定的商标，不加注生产国别的标志，即定牌中性包装。

②接受国外买方指定的商标或牌名，但在商标或牌名下标明"中华人民共和国制造"或"中国制造"。

③接受国外买方指定的商标或牌名，同时在商标或牌名下注明由买方所在国家工厂制造，即定牌定产地，如：××××公司特制等。

在服装贸易中使用定牌包装是为了利用买方的经营能力和他们的企业商誉或名牌声誉，以提高服装售价和扩大销售数量。在定牌交易中，为了避免知识产权的纠纷，服装出口方可以采取两种做法：一是在合同中注明"如发生知识产权争议由买方负责"；二是订约前要求买方提供合法使用该商标或牌名的有效证明文件并留存。

（2）无牌

无牌是指卖方应买方要求在其出售的商品和包装上免除任何商标和牌号。这主要适用于一些原材料、半成品或低价值商品。对于这类商品，客户要求无牌，是为了减少加工生产的耗费，降低成本和售价。但是，若无特殊说明，一般要求标出制造国和生产厂商。在服装出口贸易中，买方要求在服装和/或包装上免除任何商标或牌名的做法很少见。

（3）中性包装

中性包装是指商品和内外包装上均无生产国别和生产厂商名称。主要是为了适应国外市场的特殊要求，如转口销售，有可能你的买家不是最终的买家，只是一个中间商，所以要使用中性包装，或者为了打破某些进口国家的关税和非关税壁垒。这种中性包装的做法是国际贸易中常见的方式，在买方的要求下，可酌情采用。对于我国和其他国家有出口配额协定的商品，则应从严掌握，因为万一发生进口商将商品转口至有关配额国，将对我国产生不利影响。出口商千万不能因图一己之利而损害国家的声誉和利益。此外，因为中性包装外面没有任何信息，对于里面的产品信息的查验比较麻烦，所以需要严格把关。

服装贸易中的中性包装是在服装的内外包装上不注明生产国别的包装。一般情况下，在我国生产的服装，在包装上必须注明产地"中国制造"，但有时应买方的要求，在服装的内外包装上都不注明生产国别、地名、厂名，即使用中性包装。其目的主要是为了打破进口国家和地区实行各种限制和政治歧视，是扩大服装销售的一种手段。但这种做法在国际上屡遭非议，应该慎用。中性包装有两种：

①无牌中性包装，它是指在服装和服装包装上既无生产国别又无商标牌号。

②定牌中性包装，是指在服装和服装包装上使用买方指定的商标和牌号但不注明生产国别。例如：一些国外的著名服装品牌，就是在我国一些服装厂家定牌生产的，但并没有

注明"Made in China"。

4. 包装条款举例

（1）国际货物买卖合同中包装条款的基本内容

买卖合同中的包装条款一般包括包装材料、包装方式、包装费用和运输标志等内容。

（2）国际货物买卖合同中的包装条款举例

【例1】包装：每件装一塑料袋，半打为一盒，十打装一木箱。

Packing：Each piece in a polybag, half doz, in a box and 10dozens in a wooden case.

【例2】包装：单层新麻袋，每袋约50千克。

Packing：In new single gunny bags of about 50kg each.

5. 签订国际货物买卖合同中的包装条款应注意的问题

（1）要考虑商品特点和不同运输方式的要求。

（2）对包装的要求。对包装的规定要明确\具体，一般不宜采用"海运包装"（Seaworthy Packing）和"习惯包装"（Customary Packing）之类的术语。

（3）对运输标志的要求。明确运输标志（唛头）由谁决定和包装费用由谁负担。国际贸易习惯，唛头一般由卖方决定，可不订入合同，或只订明"卖方标志"，由卖方设计后通知买方。如买方要求在合同订立以后由其指定，则应具体规定指定的最后时限，并订明若到时尚未收到有关唛头通知，卖方可自行解决。

（4）关于包装费用。一般包括在货价之中，不另计收。如买方要求特殊包装，除非事先明确包装费用包括在货价内，否则其超出的包装费用应有买方负担，并应在合同中具体规定负担的费用和支付方法。

> ☆Case：
>
> 某外商欲购我国苏州产"秋艳"女装，但要求改用"伊斯丽"牌商标，并在包装上不得注明"Made in China"字样，请问外商的这种要求我方可以接受吗？
>
> 为什么？

五、操作示范

公司业务员陈明从卖方角度草拟的合同条款如下：

1. 品质：凭样品买卖

Quality：by sample

2. 数量：每款各5000件

Quantity：5000 pcs each item

3. 包装：先用塑料袋包装，再20件装一纸箱

Packing：each packed in a poly bag, 20 pcs to a carton.

六、跟学训练

1. 请根据如下条件，设计一个唛头：出口商为宁波雅晟贸易有限公司（YASHENG），进口商为美国 ABC 公司，装运港为宁波，目的地港为洛杉矶（Los Angeles）出口服装 500 纸箱。

2. 请选择一种商品，恰当地表示出其品质、数量、包装条款。

3. 查询并举例说明我国哪些企业在做定牌生产。

七、课外拓展

1. 在出口贸易中，有些非洲国家经常很轻易下订单，但要求我国出口企业提供卖方样品，并表示在收到样品后订立正式合同，你如何理解？

2. 合同中数量条款规定"10000MT 5% more or less at the seller's option"，卖方正待交货时，该货国际市场价格大幅度下跌。问：
（1）如果你是卖方，拟实际交货多少数量？
（2）如果你是买方，在磋商合同条款时，有何注意事项？

3. 宁波海之伦服饰有限公司向意大利出口服装一批，合同中规定所用面料成分为棉 35%，涤纶 45%，真丝 20%。国外客户收到货物不久，我方便收到对方来电称：我方的服装面料与合同规定的相差较远，具体规格为棉 33.2%、涤纶 48.8%、真丝 18.0%。并要求我方给予合同金额 30% 的损害赔偿。

问：对方的索赔要求是否合理？合同中就这一类商品的品质条款应如何规定为宜？

4. 浙江恒远外贸有限公司向纽约 AGR 公司出口服装一批，共 15 箱，设毛重为 150 公斤，净重为 120 公斤。现在卖方设计了三种唛头，请问选择哪种唛头最合理？

AGR NEW YORK NO. 1-15 （第 1 种）	AGR NEW YORK GW. 150KGS （第 2 种）	AGR NEW YORK NW. 120KGS （第 3 种）

学习情境四：服装出口合同条款的磋商
——运输和保险条款

一、学习目标

1. **能力目标**
（1）能正确理解和把握服装出口合同中的运输和保险条款
（2）能根据业务背景，正确拟定出合同的运输条款和保险条款

2. **知识目标**
（1）熟悉服装出口合同运输和保险条款的内容
（2）掌握合同运输和保险条款的表述方法

二、工作情景

宁波威联进出贸易有限公司的陈明在进行标的条款的准备工作后，想就合同条款中的运输和保险条款做好磋商前的准备工作。

三、任务描述

根据上述背景资料，请你以公司业务员陈明身份完成以下任务：
工作任务一：选择运输方式
工作任务二：确定运输条款
工作任务三：选择保险险别
工作任务四：确定保险条款

四、知识准备

国际货物运输和保险是出口业务的重要环节，承接着双方共同的利益关系。其中货物的运输是按照国际有关规定和贸易合同要求，利用各种运输工具，选择适当的运输方式和路线，把货物从一个国家或地区运到另一个国家或地区的业务活动。简言之，就是货物借助运输工具在国际范围内的流通。国际货物贸易必须依赖于国际运输才能实现，因此国际货物运输是国际贸易的一个不可缺少的重要组成部分。跨国（或地区）间服装的运输是一门比较复杂的科学，也是服装贸易中必不可少的一个环节，它有线长面广、中间环节多、时间性强、情况复杂、风险大等特点，其中一个环节出现疏漏，都有可能对合同的顺利履

行产生不利影响。作为从事国际服装贸易的人员，只有掌握国际服装贸易运输的基本知识，才能在交易磋商及签订合同时充分考虑有关情况，使合同运输条款的订立更加明确、具体、合理，为合同的顺利履行奠定基础。

另外，在国际贸易中，由于各国地理位置上的原因，以及海洋运输具有运费低廉、运量大等优点，货物运输大部分都是通过海洋运输的方式来完成。货物在海上运输及在海陆交接过程中，可能遭遇各种风险和损失，各国保险公司并不是对所有风险都予以承保，也不是对一切损失都予以补偿。因此，掌握国际货运保险的相关知识，明确风险和损失的界定以及保险的索赔知识对于进出口双方来说都是至关重要的。

（一）服装贸易的货物运输

1. 运输方式

在服装跨国（或地区）运输中，使用的运输方式很多，包括海洋运输、铁路运输、航空运输、公路运输、邮包运输、管道运输以及由各种运输方式组合而成的国际多式联运等，这些运输方式在运输能力、运输费用、货物适应性以及风险等方面具有不同的特点，在实际业务中，应根据具体情况，经济合理地选择运输方式。

（1）海洋运输

进出口贸易货物的海洋运输（Sea Transport 或 Ocean Transport），是利用商船在世界各港口之间，通过一定的航区和航线进行的。据统计，国际贸易量的80％以上是由海运来承担的。而相邻国家间的陆上运输只占10％～15％左右，航空运输约占5％。因而海洋运输是国际贸易中最主要的运输方式，它在国际贸易货物运输中占有非常重要的地位。

① 海洋运输的特点。海洋运输与其他运输方式相比，具有如下优点：

◆ 运量大

船舶在海上航行，利用天然广阔的海洋，通过能力大，载重量大，这是其他任何运输方式无法与之相比的。如一艘万吨船舶的载重量一般相当于250～300个火车皮的载重量。此外，船舶货舱容量大，可运载体积大的货物，对超重、超长货物和特殊性货物有较强的适应性。所以，国际贸易中的大宗进出口货物，例如石油、煤炭、粮谷、化肥、矿砂等，大都采用海洋运输。

◆ 运费低

按照规模经济的观点，因为运量大，航程远，分摊于每货运吨的运输成本就少，因此运价相对低廉。海运一般为铁路运费的1/5，公路汽车运费的1/10，航空运费的1/30。

◆ 海洋运输是一种无形贸易

海洋运输像进出口贸易一样，它提供的是货物运输的工具和劳务。当今，世界上很多国家以航运收入作为平衡外汇收入的重要手段，如挪威、日本、希腊等。

但是，海洋运输也有它的缺点。首先是航行速度较慢，现在一艘大型货轮的时速为15～16海里，再要提速，将因燃料成本急剧上升，极不划算。由于速度慢，运期长，导致流动资金的占用量增加。其次，海洋运输受气候和自然条件的影响较大，航期不易确定，而且风险较大。如遇冬季结冰、台风、浓雾时，都会影响到水的流速、流量及水位变化，形成浅滩、沙淤，最终导致停航。由此而来，海运遭受海难的可能性也较大，全世界每年遇险沉没的船舶达数百艘。因而对于不宜经受较长时间运输、需求迫切和易受气候变化影响的货物，一般不宜采用海洋运输的方式。

②海洋运输的经营方式。按照船舶的经营方式不同，海洋运输可分为班轮运输和租船运输两种方式。

◆ 班轮运输（Liner Transport）

班轮运输是指船舶按事先制定的船期表（时间表）在特定的航线上，以既定的挂靠港口顺序，经常地从事航线上各港间的船舶运输。班轮运输的费率也相对固定。

● 班轮运输的特点

a. 船舶按照固定的船期表、沿着固定的航线、停靠固定港口来往运输，并按照相对固定的运费率收取运费，因此，它具有"四固定"的特点。

b. 班轮运费已包括了装卸费用，货物装卸载配由承运人负责，船货双方不计算滞期费和速遣费。

c. 承运人与托运人双方的权利、责任与义务豁免，以船方签发的提单条款为依据。

d. 班轮承运货物的品种和数量比较灵活，尤其是所托运的货物数量较少时，一般采用班轮运输的方式比较简便，而且班轮运输一般是在码头仓库交接货物，对货主较为便利。

● 班轮运费的构成

班轮运费主要由基本运费和附加费所组成。基本运费是指货物运往班轮航线基本港口所收取的费用。附加费是船方根据不同情况为弥补运输中额外开支或费用而加收的费用。

基本运费分成两大类：一类是传统的件杂货运费；另一类是依据集装箱包箱费率计算。基本费率是班轮运费计算的基础。它包括各航线等级费率、从价费率、冷藏费率、活牲畜费率及议价费率等。一般规定如下：

a. 按货物的毛重或按重量吨（Weight）计收，在运价表中以字母"W"表示，一般以公吨为计算单位。

b. 按货物的体积或按尺码（Measurement）计收，以字母"M"表示，以1立方米（约合35.3147立方英尺）或40立方英尺为1体积吨计算，也称尺码吨或容积吨。

c. 按毛重或体积计收，在运价表中，以"W/M"表示，即凭货物的重量或体积取收费较高的一种计收运费。按运费吨计价的货物一般分为20个等级，第1级货物运费率最低，第20级货物运费率最高。

d. 按货物的价格计收，又称从价运费。在运价表中用2"Ad. Val."或"A. V."表示，意为"按价值"。一般按商品FOB货价的百分之几计算（从百分之零点几到百分之五不等）。按从价运费计算的一般都是金银首饰、精密仪器、手工艺品等单位价值高的货物。

e. 按收费高者为准来计算运费。如"W/M or Ad Val."表示，即根据货物的重量、体积中取收费较高的一种计收运费。也有在运价表中列明"W/M Plus Ad Val."字样，是指先按货物重量或体积计收，然后再加收一定百分比的从价运费。

f. 按货物的件数计收，如活牲畜和活动物，按"每头（Per Head）"计收；车辆有时按"每辆（Per Unit）"计收；起码运费（Minimun Rate）按"每提单（Per B/L）"计收，即最低运费，它是指货物按每一提单上所列重量或体积所计算出的运费尚未达到运价表中规定的最低运费额时，则按最低运费计收。最低运费根据不同地区、是否转船等情况决定。

g. 大宗低值货物，按议价运费（Open Rate）计收，一般多用于低价货物，如粮食、豆类、煤炭、矿砂等。这类货物一般在班轮费率表内未规定具体费率，在订舱时由托运人和承运人临时洽商协议。一般情况下，议价运费比按等级计算运费要低。

◆ 租船运输（Charter Transport）或不定期船运输

租船运输又称不定期船运输，是相对于班轮运输，即定期船运输而言的另一种远洋船舶的运营方式。国际贸易货物通过海洋运输的，除成交量较少的货物和一般杂货大多需用班轮运输外，谷物、石油、化肥、水泥、木材、矿砂等大宗低值货物一般都需包租整船运输。国际海上货物运输总量中，租船运输量约占 3/5 左右，而运输货物的价值量则只占 1/5 左右。

目前国际上使用较为广泛的租船方式主要有三类，即定程租船（Voyage Charter）、定期租船（Time Charter）和光船租船（Demise Charter）。

● 定程租船

又称航次租船，指由船舶所有人负责提供一艘船舶在指定的港口之间进行一个航次或几个航次运输指定货物的租船。

定程租船的特点主要表现在：船舶的营运调度由船舶所有人负责、船舶的燃料费、物料费、修理费、港口费、淡水费等营运费用也由船舶所有人负担；船舶所有人负责配备船员，负担船员的工资、伙食费；定程租船的"租金"通常称为运费，运费按货物的数量及双方商定的费率计收；在租船合同中需要订明货物的装、卸费由船舶所有人或承租人负担；在租船合同中需要订明装、卸时间的计算方法，并规定滞期费和速遣费的标准及计算办法。

定程租船的装卸费有以下几种规定方法：

a. 船方负担装货费和卸货费（Gross Terms）

b. 船方管装不管卸（FO）

c. 船方管卸不管装（FI）

d. 船方装和卸均不管（FIO）

定程租船运输方式对单一货类或装卸港较少的大宗货，是比较普遍的运输方式。

● 定期租船

又称期租船，是指由船舶所有人按照租船合同的约定，将一艘特定的船舶，在约定的期间交给承租人使用的租船。

定期租船的主要特点是：船长由船舶所有人任命，船员也由船舶所有人配备并负担他们的工资和给养，但船长应听从承租人的指挥，否则承租人有权要求船舶所有人予以撤换；船舶的营运调度由承租人负责，并负担船舶的有关营运费用，而船舶所有人则负担船舶的维修费；租金按船舶的载重吨、租期长短及商定的租金率计算；租船合同中订立有关于交船和还船以及停租的规定；较长期的定期租船合同中常订有"自动递增条款"，以保护船舶所有人在租期中因部分费用上涨而使船舶所有人的赢利减少或亏损的损失。

在定期租船期限内，租船人须负责有关船舶管理的技术性工作，如了解船舶的性能、质量及规范，特别是要调查起重设备、货舱结构及布局是否与货物装载相配套，航行速度及耗油量是否达到预期经济效果等方面的问题，须具备基本的航海知识和配套技术等。因此，除非特别需要，货主一般不采用这种运输方式。

● 光船租船

又称船壳租船，是指在租期内船舶所有人只提供一艘空船给承租人使用，而配备船员、供应给养、船舶的营运管理以及一切固定或变动的营运费用都由承租人负担。光船租船在形式上是期租船的一种。这种租船不具有承揽运输性质，在为了揽货运货的租船市场上较少采用。

（2）铁路运输

在服装贸易运输中，铁路运输是一种仅次于海洋运输的主要运输方式，负担着进出口货物的集中和分散的繁重任务。铁路运输有许多优点，它一般不受气候条件的影响，可以保证常年的正常运输，而且运量较大，速度较快，有高度的连续性，运输过程中可能遭受的风险也比较小，手续也比较简单，因而有广泛的适用性。

铁路运输的分类。铁路运输可分为国际铁路货物联运和国内铁路货物运输两种：

◆ 国际铁路货物联运

国际铁路货物联运是指两个或两个以上不同国家铁路当局联合起来完成一批货物的铁路运送。通过国际铁路联运，可以促进我国对外贸易特别是边境贸易的发展，方便我国同陆邻国家和地区以及西北欧之间的贸易往来，它具有手续简便、节约运输时间、风险低、资金周转快、运输费用较低等特点。它使用一份统一的国际联运票据，以联运运单为运输契约，以联运运单副本为结汇凭证。只要符合有关国际铁路联运规章和文件的规定，货物由一国铁路向另一国铁路移交时，不需发货人和收货人参加，铁路当局对全程运输负连带责任。

自1954年1月我国参加国际货协开始，就开办了国际间的铁路联运。目前，我国对朝鲜、俄罗斯的大部分进出口货物以及东欧一些国家的小部分进出口货物，都是采用国际铁路联运的方式运送的。我国铁路所有开办国内货运业务的车站都可以办理国际铁路货物联运。

◆ 国内铁路货物运输

国内铁路货物运输是指仅在本国范围内按《国内铁路货物运输规程》的规定办理的货

物运输。我国出口货物经铁路运至港口装船及进口货物卸船后经铁路运往各地，均属国内铁路运输的范畴。

对香港地区的铁路运输的全过程由国内段铁路运输和港段铁路运输两段组成。其主要特点是租车方式、两票运输。中国对外贸易运输公司的分支机构作为运输承运人，负责对港澳地区的全程运输（而不是由内地交通运输部门办理）。外贸单位凭外运公司签发的承运货物收据（Cargo Receipt）向银行办理结汇。国内运单不能作为对外结汇的凭证。

对港段运输主要通过深圳中转，其过程为：货物经国内运输运至深圳北站，将国内运单交货运代理。向铁路办理租车手续，并支付手续费运至香港地区，再由香港地区的代理负责港段起票运至九龙及在九龙站的卸车交货工作；或在深圳北站直接卸货存仓，再经汽车或轮渡运至香港地区。

对澳门地区运输目前尚无铁路，要通过广州中转。其过程为：国内出口公司从发运地组织托运，经国内运输运至广州南站，以货运代理作为收货人并办理中转手续，负责将货转运至澳门地区。

（3）航空运输

航空运输是一种现代化的运输方式。与海洋运输和铁路运输相比较，它具有交货迅速、节省包装、减少保险和储存费用、保证运输质量且不受地面条件限制等优点，因而特别适合于易腐商品、鲜活商品和季节性强的商品运输。根据运输货物的不同需要，国际航空运输有班机运输、包机运输、集中托运和航空急件等几种运输方式。

航空运费指的是从起运机场到目的机场的运价，一般按重量或体积计算，取两者中高者为准，并且按照一般货物、特种货物和货物等级规定不同的运价标准。尽管航空运输费用较高，但是由于空运比海运计算运费的起点低，又便于抢行应市，所以有些货物用空运更为有利。

（4）集装箱运输

集装箱运输是以集装箱作为运输单位进行货物运输的一种现代化运输方式。它可适用于海洋运输、铁路运输、内河运输及国际多式联运等。由于集装箱运输具有提高了货运速度、简化了货运手续、降低了货运成本等诸多好处，因此成为国际货物运输中普遍采用的重要方式。

集装箱是一种能反复使用的便于快速装卸的货柜。国际标准化组织推荐了三个系列十三种规格的集装箱，在国际运输中常用的集装箱规格为20英尺和40英尺两种，即IA型8英尺×8英尺×40英尺，IAA型8英尺×8.6英尺×40英尺，IC型8英尺×8英尺×20英尺。我国多采用IC型集装箱。

集装箱按其装载货物所属货主，可分为整箱货和拼箱货。整箱货（Full Container Load，FCL）可由货方自行装箱后直接送至集装箱堆场（Container Yard，CY），整箱货到达目的地后，送至堆场由收货人提取。堆场通常设在集装箱码头附近，是集装箱的中转站。如果一家货主的货物不足一整箱，这时需送至集装箱货运站（Container Freight Station，CFS）由承运人把不同货主的货物按性质、流向进行拼装，称为拼箱货（Less than Container Load，LCL）。货到目的地，拼箱货（LCL）应送至货运站由承运人拆箱后分别由收货人提取。集装箱这种交接方式应在运输单据上予以说明。国际上通用的表示方式为：

FCL/FCL 或 CY/CY（整装整拆）；

FCL/LCL 或 CY/CFS（整装拼拆）；

LCL/FCL 或 CFS/CY（拼装整拆）；

LCL/LCL 或 CFS/CFS（拼装拼拆）。

每个集装箱有固定的编号，装箱后封闭箱门的钢绳铅封上印有号码。集装箱号码和封印号码可取代运输标志，显示在主要出口单据上，成为运输中的识别标志和货物特定化的记号。

（5）国际多式联运

国际多式联运（International Multimodel Transport 或 International Combined Transport）是指根据多式联运合同，由多式联运经营人以至少两种不同的运输方式将货物从一国境内接受货物的地点运往另一国境内指定交货地点的一种运输方式。按照《联合国国际货物多式联运公约》的解释，构成国际多式联运必须具备以下几个条件：

①必须有一个多式联运合同；

②必须是国际间两种或两种以上不同运输方式的连贯运输；

③必须使用一份包括全程的多式联运单据；

④由一个多式联运经营人对全程运输负责；

⑤必须是全程单一的运费费率。

国际多式联运是货物运输中一种高级组织形式，它与传统的单一运输方式比较，有简化货运手续、加快货运速度、降低货运成本、中间环节少等优点。

国际多式联运过程中，涉及货物装卸、交接和管理等许多复杂问题，因而承办多式联运的承运人都只能在有限的几条路线上协调好多种运输方式的连贯性。我国自 20 世纪 80 年代初开展多式联运业务，已建立了数十条联运路线，但完整的管理体系和货运代理网络尚待形成。

2. 服装贸易合同中的装运条款

装运条款是服装贸易合同中的主要条款，通常包括交货时间、装运地和目的地、装卸时间及费用、是否分批装运和转运等主要内容。明确、合理地规定装运条款，是保证买卖合同履行的重要条件。

合同中的装运条款因运输方式的不同在具体内容上略有差异，其中以海上装运条款最为常用又最为复杂，现以海洋运输为例介绍一下装运条款的主要内容。

（1）装运时间

装运时间又称装运期，是指卖方将合同规定的货物装上运输工具或交给承运人的期限。它是国际货物买卖合同的主要条款,卖方必须严格按照规定时间交付货物。装运时间与交货期是两个不同的概念,不应混用。

从实际业务看,装运时间有下面几种规定方法:

①明确规定具体的装运时间。这种方法就是在合同中具体订明某年某月装运,或者某年某月某日前装运。即使具体规定装运时间,一般也是把时间规定在某一个时段上而不是确定在某一个日期上。

②规定收到信用证后若干天装运。主要适用于一些进口管制较严的国家或地区,或专为买方制造的特定商品,或对买方资信不够了解的情况。这种方法可以有效地减少我方资金占压的时间,使货款的回收得到切实的保障,从而降低履约风险。

③收到电汇后若干天装运。适用于采用汇付方式支付货款的情况。

规定合同中的装运时间时,要充分考虑船、货、证三者的衔接问题,防止因某一项工作脱节致使装运工作不能如期进行。

(2) 装运港和目的港

在服装贸易中,装运港与目的港的规定同商品价格有密切关系,又与买卖双方所承担的运输责任有很大关系,因此是装运条款中的一项重要内容。装运港一般由卖方提出,经买方同意后确认;目的港则一般由买方提出,经卖方同意后确认。

①装运港(地)和目的港(地)条款的规定方法。规定装卸港的办法,主要有以下几种:

◆ 在一般情况下,只规定一个装运港和一个目的港,并列明港口名称。

◆ 在大宗交易的情况下,有时需要规定两个或两个以上的装运港或目的港,并分别列明港口名称。

◆ 在磋商交易时,如明确规定一个或几个装卸港有困难,可以采用选择港(Optional Ports)办法。规定选择港有两种方式:一是在两个或两个以上港口中选择一个,如 CIF 伦敦,选择港汉堡或鹿特丹,或者 CIF 伦敦/汉堡/鹿特丹;另一种是笼统规定某一航区为装运港或目的港,如"地中海主要港口"、"西欧主要港口"等。

买卖双方在确定装运港或目的港时,都是从本身的利益和需要出发,根据产、销和运输等因素考虑的。为了使装运港和目的港条款的规定合理,需要从多方面加以考虑,特别是国外港口很多,情况复杂,在确定国外装运港和目的港时,应当格外慎重。

②规定国外装运港或目的港应注意的问题。主要有以下几个:

◆ 力求明确具体,避免笼统称谓。例如,最好不使用"欧洲主要口岸"等说法,以免产生误解。

◆ 不能接受内陆城市为装卸港的条件。因为沿海港口到内陆城市的费用往往难以测算,且风险很大。对内陆国家的贸易,应选择最靠近的港口为装卸港。

◆ 必须注意装卸港的具体条件。例如,有无直达班轮航线、港口装卸条件及运费和附加费用水平等。如果是租船运输,还需考虑码头泊位水深、有无冰冻期等。

◆ 注意国外港口重名问题。世界各国重名港口较多。例如，维多利亚港，世界上有12个之多。为防止出现差错，在交易合同中应明确注明装卸港所在国家和地区的名称。

（3）分批装运和转运

①分批装运。分批装运又称分期装运（Shipment by Instalments），是指一个合同项下的货物先后分若干期或若干批装运。在国际贸易中，有的交易因为数量较大，或是由于备货、运输条件、市场需要或资金的限制，有必要分期分批交货、到货的，可在进出口合同中规定分批装运条款。一个合同能否分批装运，应视合同中是否规定允许分批装运而定，如合同中未明文规定允许分批，按外国合同法，不等于允许分批装运。但有的国际规则，例如《UCP600》第31条b款规定："表明使用同一运输工具并经由同次航程运输的数套运输单据在同一次提交时，只要显示相同目的地，将不视为部分发运，即使运输单据上表明的发运日期不同或装货港、接管地或发运地点不同。如果交单由数套运输单据构成，其中最晚的一个发运日将被视为发运日。"

按照《UCP600》第32条规定：如信用证规定在指定的时间段内分期支款或分期发运，任何一期未按信用证规定期限支取或发运时，信用证对该期及以后各期均告失效。

【案情举例】我某公司出口一批童装，收到国外开来的信用证，其中规定：数量为8000件，1~8月分批装运1000件，每月装运1000件。该信用证的受益人（卖方）在1~4月每月装运1000件，银行已分批凭单付款。第五批货物原定5月20日装运出口，但由于船只紧张，第五批货物延迟至6月2日才装船运出。当受益人凭6月2日的装船提单向银行议付时，遭银行拒付。请问：银行拒付理由是否正当？为什么？

【分析】在本案中，信用证规定：数量为8000件，1~8月分批装运，每月装运1000件。但在实际装运时，卖方第五批货物没有在5月份装运出口，延迟至6月2日才装船运出。根据《UCP600》的第32条规定：信用证规定在指定时期内分期付款及/或分期装运，如其中任何一期未按信用证的规定，则信用证对该其及以后各期均视为无效。因此，卖方如有一次未按规定的期限装运，以后再装运便告无效，银行亦将拒绝议付。所以银行拒付理由是正当的。

②转运。转运（Transshipment）是指货物在装运港装船后不能直达最终目的港而必须在中途某一港口转运，造成这种情况的原因也有很多，比如至目的港无直达船、目的港不在装载货物的班轮航线、属于联运货物等。按照《跟单信用证统一惯例》的规定，如果信用证未明确规定禁止转船，则视为可转船。

分批装运和转运使卖方有了较大的主动性和灵活性，但是对于买方来说，却增大其收货的不确定性，因此除非迫不得已，买方一般不愿接受这种条款。

（4）装运通知

装运通知（Advice of Shipment）是买卖合同中必不可少的一项条款。规定这项条款的目的在于明确买卖双方的责任，促使买卖双方互相配合，共同做好船货衔接工作。按照国际贸易的一般做法，在按FOB条件成交时，卖方应在约定的装运期开始以前（一般为

30天），向买方发出货物备妥准备装船的通知，以便买方及时派船接货。买方接到卖方发出的通知后，应按约定时间，将船舶到港受载日期通知卖方，以便卖方及时安排货物出运和准备装船。在按CIF、CFR或FOB条件成交时，卖方应于货物装船后，立即将合同号、货物的品名、件数、重量、发票金额、船名及装船日期等项内容，电告买方，以便买方在目的港做好接、卸货物的准备，并及时办理进口报关等手续。如系CFR条件成交，买方接到此项装船通知后，还需办理货物保险手续。按照国际贸易惯例，如因卖方漏发或未及时发出此项装船通知，致使买方漏保或未及时保险时，则卖方应负担买方因此而遭受的有关损失。

（5）滞期和速遣条款

在国际贸易中，大宗商品在程租船运输的情况下，买卖合同中应规定滞期、速遣条款。在合同规定的装卸时间内，如果租船人未能完成装卸作业，给船方造成经济损失，为了补偿船方由此而产生的损失，应由租船人向船东支付一定的补偿金，此项补偿金称为滞期费（Demurrage）。反之，如果租船人在合同规定的时间内提前完成了装卸，给船方节约了船期，从而降低了费用成本增加了收益，船方对所节约的时间要给租船人一定金额的奖励，这种奖金称为速遣费（Dispatch Money）。在实际业务中，速遣费通常为滞期费的一半。

3. 装运条款举例

【例1】装运港口：中国大连港

Port of shipment：Dalian，China

目的港：加拿大温哥华港

Port of destination：Vancouver，Canada

装船期限：2010年4月～5月

Time of shipment：April/May，2010

【例2】装运港口：中国大连港

Port of shipment：Dalian，China

目的港：加拿大温哥华港

Port of destination：Vancouver，Canada

装船时间：收到信用证后30天内装运，该有关信用证不能迟于××月××日开到卖方，允许分批，禁止装船。

Time of shipment：Shipment within 30days after receipt of L/C must reach the seller not later than ×××, partial shipment is allowed，transshipment is prohibited.

4. 运输单据

在国际贸易中，货物装运后，卖方必须向买方提供有关的装运单据（Shipping Documents），作为履行合同的依据。装运单据的种类很多，其中最主要的有海运单据，包括海运提单和海运单，铁路运输下主要是铁路运单，航空运输下主要是航空运单。这些主要的装运单据，不仅反映了买卖双方的责任与权益，而且也体现了货主与承运人之间的关系，凡交接货物和收付货物，都离不开这些单据。

(1) 海运提单（Ocean Bill of Lading，B/L）

海运提单（Bill of Lading，简称B/L），简称提单，是货物承运人（或其代理人）在收到货物后签发给托运人的一种证件，它体现了承运人和托运人之间的相互关系。

①提单的性质和作用。提单的性质与作用，主要表现在以下三个方面：

◆它是承运人（或其代理人）签发给托运人的货物收据（Receipt for the Goods）。证实已按提单记载的事项收到货物，承运人应凭提单所列内容向收货人交货。

◆它是代表货物所有权的凭证。由于提单是一种物权证件（Documents of Title），是提取货物的凭证，因此占有提单就有支配货物的权利，就等于占有货物。卖方凭提单向银行议付货款，收货人凭提单可以提取货物或背书转让，承运人有责任把货物交与提单的合法持有人。由于提单能起到代替货物本身的作用，因此，提单持有人在货物运抵目的港之前，可以凭提单向银行抵押取得贷款。

◆它是承运人和托运人双方同意的运输契约的证明。运输契约是在装货前商定的，而提单是在装货后才签发的，因此，提单本身并不是运输契约，而只是运输契约的证明（Evidence of Contract of Carrier）。在提单背面照例印有各项运输条款和条件，规定了承运人和托运人双方的权利和免责事项。提单的合法持有人有权向承运人取得违约赔偿。提单除起上述主要作用外，有些国家港口规定，必须将提单送交当地海关查验；有些国家在办理领事签证时，也须交验提单副本，作为核查商品能否进口或征收税款之用。

②提单的种类。有以下几种划分方法。

◆按是否已装船划分

● 已装船提单（On Board B/L）

已装船提单是指货物装船后，由承运人签发给托运人的提单，它必须载明装货船名和装船日期。装船日期经常以签发提单的日期来证明。由于已装船提单对收货人按时收货有保障，因此，在买卖合同中一般都规定卖方须提供已装船提单。按照国际商会的《跟单信用证统一惯例》的规定，在信用证没有特别规定的情况下，卖方提供的提单，必须是已装船提单。《海上货物运输公约》也规定，货物装船后，如托运人提出要求，承运人必须签发给托运人已装船提单。已装船提单在国际贸易中广泛使用，在我国对外贸易业务中，一般也都是使用这种提单。

● 备运提单（Received for Shipment B/L）

备运提单又称收讫待运提单，是承运人在收到托运货物等待装船期间，向托运人签发的提单。这种提单有利于船方争揽货载。由于这种提单没有确定的装货日期，而且往往不注明装运船只的名称，即使注明也多为拟装船名，将来货物能否装出，以及能否凭单提到货物，都很难预料。进口商一般都不愿接受这种提单。在跟单信用证支付方式下，银行一般也都不接受备运提单。所以在国际贸易中，这种提单应用不广。备运提单如经承运人加注"已装船"（On Board）字样，注明装船名称、装船日期及签字证明，也可变成"已装船提单"而为银行所接受。

◆ 按提单上对货物外表状况有无不良批注划分

● 清洁提单（Clean B/L）

清洁提单是指交运货物的外表状况良好（In Apparent Good Order and Condition），承运人未加有关货损或包装不良之类批注的提单。在买卖合同中，一般都明确规定卖方提供的已装船提单必须是清洁提单。卖方提交了清洁提单，才能取得货款。

● 不清洁提单（Unclean B/L，Foul B/L）

承运人为了保护自身利益，对交运货物的外表状况不良或件数、重量与提单记载不符，可以在提单上加注批语，如"包装不固"、"破包"、"损坏"等。凡承运人加注了这类表明货物外表状况不良或存在缺陷的批语的提单，叫做不清洁提单。银行为了自身的安全，对不清洁提单，除信用证明确规定可接受者外，一般都拒绝接受。因此，在实际业务中，有些托运人为了便于向银行结汇，当遇到货物外表状况不良或存在缺陷时，便要求承运人不加批注，仍给予签发清洁提单。但在这种情况下，托运人必须向承运人出具保证函，保证如因货物破残短损及承运人因签发清洁提单而引起的一切损失，概由托运人负责。

在国际贸易业务中，一般认为，下列三种内容的批注，不应视为不清洁提单：

a. 不明白表示货物或包装不能令人满意的条款，例如："旧箱"、"旧桶"等；

b. 强调承运人对于货物或包装品质所引起的风险不负责任的条款；

c. 否认承运人知道货物内容、重量、容积、质量或技术规格的条款。

在我国对外贸易中，买方一般都明确规定卖方必须提供清洁提单。

◆ 按提单收货人抬头的不同划分

● 记名提单（Straight B/L）

记名提单是指发给指定的收货人的提单，在提单中的收货人栏内，具体填明收货人的名称。这种提单只能是指定的收货人提货，不能转让，因而又称为"不可转让提单"。记名提单虽可避免提单转让过程中的风险，但却失去其代表货物转让流通的便利，同时银行也不愿接受这种提单作为议付证件，因而在国际贸易业务中极少使用。一般只有在运送贵重物品、援助物资和展览品等时，才予采用。根据某些国家的习惯或者进口商信誉卓著，也可以不凭记名提单，而只凭个人担保提货，即只在"到货通知"（Notice of Arrival）上背书后，就可提货。

● 不记名提单（Bearer B/L）

不记名提单又称空名提单，即指在提单收货人栏内不填写收货人或指示人的名称而留空，提单持有人可不作任何背书，就能凭提单转让货物所有权或提取货物，承运人只凭提单交货。由于这种提单风险较大，故国际上一般极少使用。

● 指示提单（Order B/L）

指示提单是指在提单的收货人栏内只填写："凭指定书"（To order）或"凭某人指定"（To order of…）字样的一种提单。这种提单可以背书转让。背书的方法有两种：单纯签字盖章的，称空白背书；除背书人签字盖章以外，还列有被背书人的名称的，称记名背书。提单经背书后可转让给其他第三者，因而又称为"可转让的提单"。注明"凭指定"的提单，在卖方未指定收货人之前，卖方仍保持货物的所有权，如经卖方在提单上空白背书转让后，持有这种提单的人，就有权提货。

指示提单在国际贸易中使用较为普遍。在我国出口贸易中，大多是采用这种"凭指定"空白背书的提单，习惯上称为"空白抬头、空白背书"提单。

◆ 按运输方式划分

按运输方式，提单可分为直达提单（Direct B/L）、联运提单（Through B/L）、转船提单（Transhipment B/L）和多式联运单证（Combined Transport Documents，简称CTD）四种。

● 直达提单（Direct B/L）

承运人对自装运港直接运到目的地港的货物所签发给托运人的提单，叫做直达提单。在国际贸易中，如合同和信用证规定有限制转船条款时，则托运人必须取得直达提单，方可向银行结汇。在直达提单中，除列明装运港和目的地港名称外，不得有中途转船的批语。

● 联运提单（Through B/L）

联运提单用于海陆联运或海河联运或海海联运。它是由第一承运人或其代理人在货物起运地签发运往货物最终目的地的提单，并收取全程运费，货物到达转运港后，由前一承运人或其代理人代为将货物交给下一段航程的承运人或其代理人，继续运往目的地。联运提单虽然包括全程运输，但在联运提单中一般都载有一项免责条款，申明签发提单的承运人或其代理人，一般只对第一程运输所发生的货物损害负责，对于货物在卸离第一程运输工具及装上第二程运输工具以后所发生的损失，概不负责。

● 转船提单（Transhipment B/L）

在装运港装货的船舶，不直接驶往目的地港。而在中途其他港口换船，转运至目的地，由第一程承运人在装运港签发运往最后目的地港的提单，称为转船提单。在转船提单中必须注明"在某某港转船"等字样。根据银行信用证业务的习惯，凡信用证内未明确规定禁止转船者，即视为可以转船，因此，只要提单包括全部航程，凭提单可以提取货物，银行即予接受。

● 多式联运单证（Combined Transport Document）

为了适应成组运输，特别是集装箱运输迅速发展的需要，近年来，在国际货物运输业务中采用了多式联运单证这种新的格式。根据国际商会1983年修订的《联合运输单证统一规则》（Uniform Rules for Combined Transport Documents）的规定，这种运输单证是在使用多种运输方式运送货物时采用，它是由"联运经营人"（Combined Transport Operator，简称 C.T.O.）签发给托运人的对全程运输负责的一种单证，"联运经营人"可以自身承担全程运输中的一部分运输，也可以自身不承担任何运输，而将全部运输任务安排给其他有关的承运人。

◆ 按船舶营运方式的不同划分

● 班轮提单（Liner B/L）

班轮提单是指班轮公司签发符合班轮条件的提单。这种提单与租船提单不同。它的背面规定了托运人与承运人之间权利和义务责任和豁免的详细条款。各班轮公司的提单格式和内容都大同小异。

● 租船提单（Charter Party B/L）

租船提单是指船方（承运人）根据租船合同签发的提单。这种提单一般是一种略式提单，只列入货名、数量、船名、装货港和目的地港等必要项目，而没有全式提单背面的详细条款。但在提单内加批"根据×××租船合同出立"的字样。大宗货物的托运人通常包租整船，租用一个航次或来回程。船东就与租船人订立租船合同。在装货完毕后，承运人须向托运人（租船人）签发提单。不能有了租船合同就不签发提单，因为托运人仍需货物收据，而该合同仅规定了船、租双方的权利和义务，不能作为收据。这种提单不能成为一个完整的独立文件，将受租船合同条款的约束。

◆ 按提单内容的繁简划分

● 全式提单（Long form B/L）

全式提单相对于简式提单而言，是指提单除正面印就的提单格式所记载的事项，背面列有关于承运人与托运人及收货人之间权利、义务等详细条款的提单。由于条款繁多，所以又称"繁式提单"。在海运的实际业务中使用的大都是这种全式提单。

● 简式提单（Short form B/L）

简式提单，又称短式提单、略式提单，是相对于全式提单而言的，是指提单背面没有关于承运人与托运人及收货人之间的权利义务等详细条款的提单。这种提单一般在正面印有"简式"（Short Form）字样，以示区别。简式提单中通常列有如下条款："本提单货物的收受、保管、运输和运费等事项，均按本提单全式提单的正面、背面的铅印、手写、印章和打字等书面条款和例外条款办理，该全式提单存本公司及其分支机构或代理处，可供托运人随时查阅。"

简式提单通常包括租船合同项下的提单和非租船合同项下的提单。

a. 租船合同项下的提单。在以航次租船的方式运输大宗货物时，船货双方为了明确双方的权利、义务首先要订立航次租船合同，在货物装船后承租人要求船方或其代理人签发提单，作为已经收到有关货物的收据，这种提单就是"租船合同项下的提单"。因为这种提单中注有"所有条件均根据某年某月某日签订的租船合同"（All terms and conditions as per charter party dated...）；或者注有"根据……租船合同开立"字样，所以，它要受租船合同的约束。因为银行不愿意承担可能发生的额外风险，所以当出口商以这种提单交银行议付时，银行一般不愿接受，除非开证行授权可接受租船合同项下的提单，但往往同时要求出口商提供租船合同副本。

根据租船合同签发的提单所规定的承运人责任，一般应和租船合同中所规定的船东责任相一致。如果提单所规定的责任大于租船合同所规定的责任，在承租人与船东之间仍以租船合同为准。

b. 非租船合同项下的简式提单。为了简化提单备制工作，有些船公司实际上只签发给托运人一种简式提单，而将全式提单留存，以备托运人查阅。这种简式提单上一般印有"各项条款及例外条款以本公司正规的全式提单所印的条款为准"等内容。按照国际贸易惯例，银行可以接受这种简式提单。这种简式提单与全式提单在法律上具有同等效力。

◆ 按提单使用效力划分

● 正本提单（Original B/L）

正本提单是指提单上经承运人、船长或其代理人签字盖章并注明签发日期的提单。在进出口业务中，有时候会根据业务需要，对提单进行电放，就是发货人向承运人交回正本提单，并出具保函，申请船公司电报通知目的港代理放货给指定收货人。正本提单上要注明"正本"字样，以示与副本提单有别。

● 副本提单（Copy B/L）

副本提单是指提单上没有承运人、船长或其代理人签字盖章，而仅供工作上参考之用的提单。在副本提单上一般都标明"Copy"、"Non-negotiable"字样，以示与正本提单有别。

◆ 其他种类提单

● 集装箱提单（Container B/L）

集装箱提单指为装运集装箱所签发的提单。集装箱提单是集装箱货物运输下主要的货运单据，负责集装箱运输的经营人或其代理人，在收到集装箱货物后而签发给托运人的提单。它与普通货物提单的作用和法律效力基本相同，但也有其特点：

a. 由于集装箱货物的交接地点不同，一般情况下，由集装箱堆场或货运站在收到集装箱货物后签发场站收据，托运人以此换取集装箱提单结汇。

b. 集装箱提单的承运人责任有两种：一是在运输的全过程中，各段承运人仅对自己承担的运输区间所发生的货损负责；二是多式联运经营人对整个运输承担责任。

c. 集装箱内所装货物，必须在条款中说明。因为有时由发货人装箱，承运人不可能知道内装何物，一般都有"Said to Contain"条款，否则损坏或灭失时整个集装箱按一件赔偿。

d. 提单内说明箱内货物数量、件数，铅封是由托运人来完成的，承运人对箱内所载货物的灭失或损坏不予负责，以保护承运人的利益。

● 舱面提单（On Deck B/L）

舱面提单是指承运人对装于船舶甲板上的货物所签发给托运人的提单，故又称甲板货提单。承运人在这种提单上打印或书写"装舱面"（On Deck）字样，以表明提单所列的货物装在甲板上。装在甲板上的货物，一般来说风险较大。根据《海牙规则》的规定，承运人对甲板货的灭失和损坏不负责任。因此，买方一般不愿意将货物装在甲板上，有时甚至在合同和信用证中明确规定"不准将货物装在甲板上"。银行为了维护开证人的利益，一般也拒绝接受舱面提单。但是，在国际贸易业务中，有些体积特别庞大的货物以及某些毒品和危险货物不宜装于舱内，只能装在船舶甲板上。如遇这种情况，合同和信用证中应规定有"允许货物装在甲板上"的条款，银行根据信用证的这一条款，对舱面提单当予接受。

● 过期提单（Stale B/L）

货物装船后，卖方向当地银行提交装船提单时，银行按正常邮程预计收货人不能在船抵目的港之前收到的提单，称为过期提单。根据信用证统一惯例的规定，凡在提单签发日21天后提交的提单均属过期提单。过期提单影响买方及时提货、转售并可能造成其他损失。为了防止买方借口提单过期而拒付货款，银行一般都拒收过期提单。提单过期一般由两方面原因造成：一方面是由于托运人在交单结汇前有过不应有的延误；另一方面，是由于近洋短程运输所致。由于在近洋短程运输情况下，很难避免出现过期提单，所以卖方为了维护自身的利益，一般都要求买方开证时，须列入过期提单可以接受的条款，以免引起争议。

● 倒签提单（Anti-dated B/L）

倒签提单是指承运人应托运人的要求，签发提单的日期早于实际装船日期的提单，以符合信用证对装船日期的规定，便于在信用证下结汇。这是托运人借此来获得符合信用证或合同要求的单据的一种手段，很显然，如果承运人答应了托运人的要求而签发倒签提单，那么，承运人在提单签发日期这个重要问题上采取了欺骗的手段，而且承、托运双方恶意串通，以合法形式掩盖非法目的，损害了提单持有人和收货人的利益，这属于非法行为。

● 预借提单（Advanced B/L）

由于信用证规定的结汇日期已到，而货主因故未能及时备妥货物装船，或因为船期延误，影响了货物装船，托运人要求承运人先行签发已装船提单，以便结汇。简而言之，就是指提单在货物尚未全部装船时，或者货物虽然已经由承运人接管但尚未开始装船的情况下签发。

显然，预借提单和倒签提单的共同之处在于提单上载明的签发日期（货物装船日期）与货物实际装船完毕的日期不符，前一个日期是为了满足卖方顺利结汇的需要而虚构的，并且早于后一个日期；预借提单和倒签提单的不同之处在于，预借提单是在货物尚未全部装船时，或者货物虽然已经由承运人接管但尚未开始装船的情况下签发的。而倒签提单是指承运人应托运人的要求，在货物装船完毕后，以早于该票货物实际装船的日期作为提单签发日期的提单。

● 海运单（Seaway Bill）

海运单，是指证明海上货物运输合同和承运人接收货物或者已将货物装船的不可转让的单证。海运单的正面内容与提单的基本一致，但是印有"不可转让"的字样。有的海运单在背面订有货方定义条款、承运人责任、义务与免责条款、装货、卸货与交货条款、运费及其他费用条款、留置权条款、共同海损条款、首要条款、法律适用条款等内容。有的海运单没有背面条款，仅在海运单的正面或者背面载明参照何运输条件或者某种提单或其他文件中的规定。

海运单不能背书转让，收货人无需凭海运单，只需出示适当的身份证明，就可以提取货物。因此海运单迟延到达、灭失、失窃等均不影响收货人提货，这样可以有效地防止海运欺诈、错误交货的发生。海运单在无转卖货物意图的贸易运输中焕发了勃勃生机。

海运单操作程序简单方便，有利于货物的转移。它与海运提单性质不同。海运提单是货物收据、运输契约证明、物权凭证，而海运单只是货物收据和运输契约证明，它不具有转让流通性，可避免单据遗失和伪造提单所产生的后果。另外，海运单不是物权凭证，扩大海运单的使用，可以为今后推行 EDI 电子提单提供实践的依据和可能。

（2）铁路运输单据

①国际铁路联运单（International Railway Bill）。国际铁路联运单是发货人与铁路之间缔结的运输契约，它规定了铁路与发、收货人在货物运送中的权利，义务和责任，对铁路和发、收货人都具有法律效力。该运单从始发站随同货物附送至终点站并交给收货人，它不仅是铁路承运货物出具的凭证，也是铁路同货主交接货物、核收运杂费用和处理索赔与理赔的依据。国际铁路联运单副本，在铁路加盖承运日期戳记后发还给发货人，它是卖方凭以向银行结算货款的主要证件之一。

②承运货物收据（Cargo Receipt）。承运货物收据是在特定运输方式下所使用的一种运输单据，它既是承运人出具的货物收据，也是承运人与托运人签订的运输契约。我国内地通过铁路运往港、澳地区的出口货物，一般多委托中国对外贸易运输公司承办。当出口货物装车发运后，对外贸易运输公司即签发一份承运货物收据给托运人，以作为对外办理结汇的凭证。

（3）航空运单（Airway Bill）

航空运单是承运人与托运人之间签订的运输契约，也是承运人或其代理人签发的货物收据。航空运单还可作为核收运费的依据和海关查验放行的基本单据。但航空运单不是代表航空公司的提货通知单。在航空运单的收货人栏内，必须详细填写收货人的全称和地址，而不能做成指示性抬头。

（4）多式联运单据（Combined Transport Documents，CTD）

多式联运单据是指证明国际多式联运合同成立及证明多式联运经营人接管货物，并负责按照多式联运合同条款支付货物的单据。

多式联运单据是由承运人或其代理人签发，其作用与海运提单相似，既是货物收据也是运输契约的证明、在单据作成指示抬头或不记名抬头时，可作为物权凭证，经背书可以转让。

多式联运单据和联运提单的区别：

多式联运单据表面上和联运提单相仿，但联运提单承运人只对自己执行的一段负责，而多式联运承运人对全程负责；联运提单由船公司签发，包括海洋运输在内的全程运输。多式联运单据由多式联运承运人签发，也包括全程运输但多种运输方式中，可以不包含海洋运输。

（5）邮政收据（Parcel Post Receipt）

邮政收据是邮局在收妥邮寄物品后出具的运输凭证。它是邮寄物品的收据，也是运输契约的证明。但非物权凭证，不能凭此取货。一律以记名抬头，不能背书转让。

（二）服装贸易合同中的保险条款

1. 海上货运保险的风险和损失

（1）海上风险

海上风险，一般指船舶、货物在海上运输中所发生的各种风险。在各国保险业务中，各保险公司所承保的风险，主要包括"自然灾害"、"意外事故"和其他外来原因所引起的"外来风险"。这些风险，在保险业务中，都有其特定的含义和内容。按照一般的解释，这些风险所指的大致内容如下：

①自然灾害（Natural Calamity）。所谓自然灾害，并非指一切由于自然力量所造成的灾害，而是仅指恶劣气候（如暴风雨）、雷电、海啸、地震、洪水以及其他人力不可抗拒的灾害。

②海上意外事故（Fortuitous Accidents at Sea）。海上意外事故不同于一般的事故，这里所指的主要是船舶搁浅、触礁、沉没、火灾、爆炸、碰撞、船舶失踪或其他类似事故。

③外来风险（Extraneous Risks）。所谓"外来风险"，通常是由外来原因引起的，通常仅指偷窃、破碎、雨淋、受潮、受热、发霉、串味、沾污、短量、渗漏、钩损、锈损等。除上述风险外，保险货物还可能遇到一些特殊的风险，如战争、敌对行为或武装冲突等所造成的损失。

凡以上所指的各类风险，均属海洋运输保险所承保的范围，买方或卖方可根据需要向保险公司投保。

（2）海上损失

海运保险货物在海洋运输中由于海上风险所造成的损坏或灭失，称为海损。根据国际保险市场的一般解释，凡与海陆连接的陆上和内河运输中所发生的损失或灭失，也属海损。按照货物损失的程度，海损可以分为全部损失与部分损失；如按货物损失的性质，又可分为共同海损与单独海损。在保险业务中，共同海损与单独海损均属部分损失。

①全部损失。全部损失简称全损（Total Loss）。全损有实际全损（Actual Total Loss）和推定全损（Constructive Total Loss）两种。实际全损是指被保险货物完全灭失，或指货物完全变质，或货物已不可能归还被保险人而言。

实际全损有四种情况：

a. 被保险货物在保险事故发生后，已完全灭失或损坏；
b. 被保险货物遭受严重损害，已丧失形体、用途和价值；
c. 被保险人对其货物所有权已无可挽回地被完全剥夺；
d. 载货船舶失踪达到一定时期仍无音信。

推定全损是指被保险货物受损后，进行施救整理或恢复原状所需的费用，超过恢复后的货价，或者施救及修理费用加上续运至目的地的费用的总和，估计要超过货物在目的地的完好状态的价格。

②部分损失。部分损失（Partial Loss）是指货物的损失不及上述全部损失的程度。部分损失可以分为共同海损和单独海损。

1）共同海损（General Average，简写 GA）

在海运途中，载货的船舶遇到危险时，船方为了维护船舶和所有货物的共同安全或使航程得以继续完成，有意采取合理措施所作的某些特殊牺牲或支出某些特殊的额外费用。这些特殊的牺牲和额外费用，叫做共同海损。

根据以上概念，构成共同海损应具有下列几方面的条件：

①必须确实遭遇危险。
②措施必须是有意识的、合理的。
③必须是为了船、货各方面的共同安全。
④牺牲或费用的支出必须是非常性质的。
⑤损失必须是共同海损行为的直接结果。
⑥牺牲或费用的支出必须有效果。

2）单独海损（Particular Average，简写 PA）

保险货物遭受海损以后，如未达到全损程度，仅属部分损失，而且这种损失又不属共同海损，不是由多方面的关系人共同分摊，仅由受损方面自己负责，这种损失，称为单独海损。单独海损是与共同海损相对而言。除上述风险损失外，保险货物在运输途中还可能发生其他损失，如运输途中的自然损耗以及由于货物本身特点和内在缺陷所造成的货损等。对于这些损失，保险公司一般不予承保。

2. 我国海运货物保险险别

保险险别是保险人对风险和损失的承保责任范围，也是确定保险人所承担责任大小及应交保费多少的依据，而各种险别的承保责任又是通过不同的保险条款加以规定的。中国人民保险公司根据我国保险业务的实际情况，并参照国际保险市场的习惯做法，制定了中国人民保险公司货物保险条款，简称"中国保险条款"。在该条款中把海运货物保险险别分为基本险和附加险两大类：

（1）基本险

基本险又称主险，是可以单独投保的险别。同国际保险市场的习惯做法一样，我国海洋运输货物保险的基本险分为平安险、水渍险和一切险三种。

基本险的承保责任范围：

①平安险。平安险（Free from Particular Average，FPA）其英文原意是"单独海损不赔"，随着保险业的发展和保险条款的修订，平安险的责任已不仅仅局限于对全损的赔偿。该保险承保的责任范围包括：

a. 被保险的货物在运输途中由于恶劣气候如雷电、海啸、地震、洪水等自然灾害造成整批货物的全部损失，包括实际全损和推定全损。

b. 由于运输工具遭受搁浅、触礁、沉没、碰撞以及失火、爆炸等意外事故所造成的保险货物的全部或部分损失。

c. 在运输工具发生搁浅、触礁、沉没、焚毁等意外事故的情况下，货物在此前后又在海上遭受恶劣气候如雷电、海啸等自然灾害所造成的部分损失。

d. 在装卸或转运时由于一件或数件甚至整批货物落海所造成的全部损失或部分损失。

e. 被保险人对遭受承保责任内危险的货物采取抢救、防止或减少货损的措施而支付的合理费用，但以不超过该批被救货物的保险金额为限。

f. 运输工具遭遇海难后，在中途港或避难港因卸货、存仓、装货以及运送货物所产生的特别费用。

g. 共同海损的牺牲、分摊和救助费用。

h. 运输条款中如订有"船舶互撞条款"，则根据该条款规定应由货方偿还船方的损失。

②水渍险。保险公司对水渍险（With Particular Average，WPA）的承保责任范围，除包括上列平安险的各项责任外，还负责被保险货物由于恶劣气候如雷电、海啸、地震、洪水自然灾害所造成的部分损失。

【案情举例】我方向澳大利亚出口坯布100包。我方按合同规定加一成投保水渍险。货物在海上运输途中因舱内食用水管漏水，致使该批坯布中的30包浸有水渍。请问：对此损失应向保险公司索赔还是向船公司索赔？

【分析】食用水管漏水属于一般附加险中的淡水雨淋险，本案例中因货主投保的是水渍险，而水渍险只对海水浸渍负责而对淡水所造成的损失不负责任。因此，货主不能向保险公司索赔，但可凭清洁提单向船公司交涉。

③一切险。一切险（All Risks）的责任范围，除包括上列平安险和水渍险的各项责任外，还包括被保险货物在运输途中由于一般外来原因所造成的全部或部分损失。因此，一切险是平安险、水渍险和一般附加险的总和。但是因非偶然发生或非外来因素所造成的损失不包括在一切险的责任范围之内。

(2) 附加险

附加险是基本险的扩大和补充，因此，投保人只有在投保了基本险的基础上，才能投保附加的险种，并另外支付保险费。附加险包括一般附加险和特殊附加险两类：

① 一般附加险（General Additional Risks）。该险种包括：

a. 偷窃提货不着险（Theft, Pilferage and Non-delivery, 简称 T. P. N. D.）：保险有效期内，保险货物被偷走或窃走，以及货物运抵目的地以后，货物的全部或整件未交的损失，由保险公司负责赔偿。

b. 淡水雨淋险（Fresh Water Rain Damage, 简称 F. W. R. D.）：货物在运输中，由于淡水、雨水以至雪融所造成的损失，保险公司都应负责赔偿。淡水包括船上淡水舱、水管漏水以及舱汗等。

c. 短量险（Risk of Shortage）：负责保险货物数量短少和重量的损失。通常包装货物的短少，保险公司必须要查清外装包是否发生异常现象，如破口、破袋、扯缝等，如属散装货物，则以装船重量和卸船重量之间的差额作为计算短量的依据。但不包括正常运输中的自然损耗。

d. 混杂、沾险（Risk of Intermixture & Contamination）：保险货物在运输过程中，混进了杂质所造成的损坏。例如矿石等混进了泥土、草屑等因而使质量受到影响。此外保险货物因为和其他物质接触而被沾污，例如布匹、纸箅、食物、服装等被油类或带色的物质污染因而引起的经济损失。

e. 渗漏险（Risk of Leakage）流质、半流质的液体物质同和油类物质，在运输过程中因为容器损坏而引起的渗漏损坏。如以液体装存的湿肠衣，因为液体渗漏而使肠发生腐烂、变质等损失，均由保险公司负责赔偿。

f. 碰损、破碎险（Risk of Clash & Breakage）：碰损主要是对金属、木质等货物来说的，破碎则主要是对易碎性物质来说的。前者是指在运输途中，因为受到震动、颠簸、挤压而造成货物本身的损失；后者是在运输途中由于装卸野蛮、粗鲁、运输工具的颠震造成货物本身的破裂、断碎的损失。

g. 串味险（Risk of Odor）：例如，茶叶、香料、药材等在运输途中受到一起堆储的皮革、樟脑等异味的影响使品质受到损失。

h. 受热、受潮险（Damage Caused by Heating & Sweating）：例如，船舶在航行途中，由于气温骤变，或者因为船上通风设备失灵等使舱内水汽凝结、发潮、发热引起货物的损失。

i. 钩损险（Hook Damage）：保险货物在装卸过程中因为使用手钩、吊钩等工具所造成的损失，例如粮食包装袋因吊钩钩坏而造成粮食外漏所造成的损失，保险公司在承保该险的情况下，应予赔偿。

j. 包装破裂险（Loss for Damage by Breakage of Packing）：因为包装破裂造成物资的短少、沾污等损失。此外，对于因保险货物运输过程中系因安全需要而产生的候补包装、调换包装所支付的费用，保险公司也应负责。

k. 锈损险（Risk of Rust）：保险公司负责保险货物在运输过程中因为生锈造成的损失。不过这种生锈必须在保险期内发生，如原装时就已生锈，保险公司不负责任。

上述11种附加险，不能独立承保，它必须附属于主要险别。也就是说，只有在投保了平安险或水渍险的基础上，投保人才允许投保附加险。投保"一切险"后，上述险别均包括在内。

②特殊附加险。特殊附加险承保特殊外来风险所造成的损失，共有8种：

a. 交货不到险（Failure to Deliver Risk）：不论何种原因，从被保险货物装上船开始，6个月内不能运到原定目的地交货的，保险公司负责按全损赔偿。

b. 进口关税险（Import Duty Risk）：当货物遭受保险责任范围内的损失，而仍须按完好货物价值完税时，保险公司对损失部分货物的进口关税负责赔偿。

c. 舱面险（On Deck Risk）：当货物置于船舶甲板上时，保险公司除按保单所载条款负责外，还赔偿被抛弃或浪击落海的损失。抛货（Jettison of Cargo）是指船舶在海上航行遭遇危难时，为了减轻船舶重量以避免受损，而将货物投入海中所造成的损失。浪击落海（Washing Over-board）是指舱面货物受海浪冲击落海所造成的损失，但不包括在恶劣气候下船身晃动而造成的货物落海的损失。

d. 黄曲霉素险（Alfatoxin Risk）：花生、谷物等易产生黄曲霉素，对含量超过进口国限制标准而被拒绝进口、没收或强制改变用途所遭受的损失保险公司负责赔偿。

e. 拒收险（Rejection Risk）：对被保险货物在进口港被进口国政府或有关当局拒绝进口或没收，保险公司按货物的保险价值负责赔偿。

f. 出口货物到香港（包括九龙在内）或澳门存仓火险责任扩展条款（Fire Risk Extension Clause For Storage at Destination Hongkong, Including Kowloon, or Macao，简称F.R.E.C.）：这是一种扩展存仓火险责任的保险，是指出口货物到达香港（包括九龙在内）或澳门地区等目的地，在卸离运输工具后，如直接存放在保险单所载明的过户银行所指定的仓库，保险责任自运输责任终止时开始，至银行收回押款解除货物的权益为止；或自运输责任终止时起，满30天为止。在此期间，对发生了火灾所造成的损失，保险公司负责赔偿。

g. 战争险（War Risk）：是特殊附加险的主要险别之一，它虽然不能独立投保，但对其他附加险而言又有很强的独立性，其内容包括责任范围、除外责任、责任起讫等。

战争险的责任范围

- 直接由于战争。类似战争行为、敌对行为、武装冲突或海盗所造成运输货物的损失。

- 由于上述原因所引起的捕获、拘留、扣留、禁止、扣押等所造成的运输货物的损失。

- 各种常规武器（水雷、炸弹等）所造成的运输货物的损失。

- 由本险责任范围所引起的共同海损牺牲、分摊和救助费用。

战争险的除外责任

由于敌对行为使用原子或热核制造的武器导致被保险货物的损失和费用不负责赔偿。

战争险的责任起讫

战争险的责任起讫与基本险所采用的"仓至仓条款"不同,而是以"水上危险"为限,是指保险人的承保责任自货物装上保险单所载明的启运港的海轮或驳船开始,到卸离保险单所载明的目的港的海轮或驳船为止。如果货物不卸离海轮或驳船,则从海轮到达目的港当日午夜起算满 15 日之后责任自行终止;如果中途转船,不论货物在当地卸货与否,保险责任以海轮到达该港可卸货地点的当日午夜起算满 15 天为止,等再装上续运海轮时,保险责任才继续有效。

h. 罢工险(Strikes Risk):凡因罢工、被迫停工所直接造成的损失、恐怖主义者或出于政治目的而采取行动的人所造成的损失,以及任何人的恶意行为所造成的损失,都属承保范围,其除外责任与战争险相同,责任起讫采取"仓至仓"条款。按国际保险业惯例,在投保战争险的前提下,加保罢工险,不另增收保险费。如仅要求加保罢工险,则按战争险费率收费。

【案例 1】我方按 CIF 条件出口女士羽绒服 1000 件,计 100 纸箱。合同规定投保一切险加战争险、罢工险。货物卸至目的港码头后,当地码头工人开始罢工。在工人与政府的武装力量对抗中,该批服装有的被扔在地面,有的被当成掩体,有的丢失,总共损失近半。请问:这种损失保险公司是否负责赔偿?

【案例 2】我方按 CIF 条件出口童鞋 800 双,合同规定:投保一切险加战争险、罢工险。货到目的港后,当地码头工人开始罢工,港口无人作业,货物无法卸载。等到罢工结束,该批童鞋已受到不同程度的损坏。请问:这种损失保险公司是否负责赔偿?

3. 保险条款的主要内容

一般认为,合同中保险条款应该包括以下内容:

(1) 保险投保人的约定

按不同的贸易术语决定由谁投保,并支付保险费。如 CIF、CIP 由卖方投保,而 FOB、FCA、CFR 等由买方自行投保,并支付保险费。

(2) 投保险别的约定

在办理投保业务时,选择什么险别投保是非常重要的问题。

①根据货物的性质及包装选择投保险别。用不同原料制作的服装在相同的风险之下,遭受的损失程度往往是不同的。如:易受潮、霉变的服装,那就应该在基本险的基础上加保受潮受热险。另外,还要考虑货物的包装情况,特别是一些容易破损的包装,对货物致损的影响很大,保险公司对由于包装不良或由于包装不适合国际货物运输的一般要求而使货物受损的情况不负责任。

②根据运输工具所经的路线选择投保险别。根据运输工具的不同选择相应的险别,如:采用空运的货物,应选择投保航空运输货物保险的有关险别。此外,根据不同的运输

路线，自动选择合适的险别，如：途径海盗经常出没的水域或战争热点地区，应考虑货物遭受意外袭击的因素。

③根据可保利益的归属选择投保的险别。在国际货物贸易中保险责任与可保利益有时是统一的，有时则是脱节的。当两者统一时，要视被保险货物的实际需要选择适宜的险别；当两者脱节时，选择的险别则应该是承包的范围最小、保险费用最省的一个。

4. 保险条款举例

【例1】以 EXW、FAS、FOB、FCA、CFR、CPT 贸易术语成交的合同

保险条款：保险由买方办理。

Insurance：To be covered by the buyers

【例2】以 CIF 或 CIP 贸易术语成交的合同

保险条款：由卖方按发票金额的 110％ 投保×××险和×××险，按 1981 年 1 月 1 日中国人民保险公司海洋运输货物保险条款负责。

Insurance：To be covered by the sellers for 110％ of the invoice value against ×× and ×× as per Ocean Marine Cargo Clauses of the people's Insurance Company of China dated Jan. 1，1981

【例3】以 DAF、DEQ、DES、DDU、DDP 贸易术语成交的合同

保险条款：保险由卖方办理。

Insurance：To be covered by the sellers

签订国际货物买卖合同中的保险条款应注意的问题

①应明确按什么保险条款进行投保，是按 ICC 条款还是按 CIC 条款。

②应明确不同保险条款的生效日期。

③应明确投保险别，是平安险还是水渍险或一切险。如需另加某一种或某几种附加险也应一并写明。

④应明确由何方负责投保，如系 FOB 或 CFR 合同应明确由买方负责投保，如系 CIF 合同应明确由卖方投保。

⑤应明确投保加成率，如超过一成由此产生的超额保险费用由买方负担。

⑥如加保战争险，应明确"若发生有关的保险费率调整，所增加的保费由买方负担"。

五、操作示范

由于海洋运输比较方便，且运费成本较低，公司业务员陈明首先确定了海洋运输为本次交易的运输方式；并且保险金额和险别按照客户要求，并符合外贸业务的一般操作习惯，按照 CIF 加成 10％，投保中国人民保险公司海运货物保险条款一切险。然后从卖方角度草拟的合同的运输和保险条款，内容分别如下：

1. 装运条款

装运港：中国的任何港口，目的港：美国洛杉矶，最迟装运期：2010 年 11 月 30

日前。

Shipment：Port of loading：any port in china Port of destination：Los Angeles，USA

Time of shipment：Not later than Nov. 30，2010

2. 保险条款

CIF 加 10%投保 1981 年 1 月 1 日实施的中国人民保险公司的海运货物保险条款一切险。

Insurance：for 110% of the CIF value against All risks as per Ocean Marine Cargo Clauses of the people's Insurance Company of China dated Jan. 1，1981.

六、跟学训练

1. 请网上查询一下世界主要船公司的简称及其航线时刻表。
2. 网上查询一下你所在地区有哪些船务公司？
3. 调研一下你所在地区的外贸企业办理运输的主要方式有哪些？
4. 调研一下你所在地区都有哪些保险公司承保出口货物运输保险？
5. 三星公司收到悉尼客户来电，询购睡袋 1000 只，要求按下列条件报出每只睡袋的 CIFC3%悉尼价格。条件：每只睡袋 FOB 大连为 7.56 美元，该睡袋为纸箱装，每箱 20 只。从装运港至悉尼的海运费为每箱 20 美元。按 CIF 价加一成投保一切险和战争险，保险费率分别为 0.5%和 0.3%。

七、课外拓展

1. 某公司出口货物共 200 箱，对外报价为每箱 438 美元 CFR 马尼拉，菲律宾商人要求将价格改报为 FOB 价，试求每箱货物应付的运费及应改报的 FOB 价为多少？（已知该批货物每箱的体积为 45cm×35cm×25cm，毛重为 30 千克，商品计费标准为 W/M，基本运费为每运费吨 100 美元，到马尼拉港需加收燃油附加费 20%，货币附加费 10%，港口拥挤费 20%。）

2. 我某公司与美国某客商以 FOB 条件出口大枣 5000 箱，5 月份装运，合同和信用证均规定不允许分批装运。我方于 5 月 10 日将 3000 箱货物装上"喜庆"轮，取得 5 月 10 日的海运提单；又于 5 月 15 日将 2000 箱装上"飞雁"轮，取得 5 月 15 日的海运提单，两轮的货物在新加坡转船，均由"顺风"轮运往旧金山港。

问：我方的做法是否合适？将导致什么后果，为什么？

3. 某货主在货物装船前，按发票金额的 110%办理了货物投保手续，投保一切险加保战争险。该批货物以 CIF 成交的总价值为 20.75 万美元，一切险和战争险的保险费率合计为 0.6%。

问：

（1）该货主成交的保险费是多少？

（2）若发生了保险公司承保范围内的风险，导致该批货物全部灭失，保险公司的最高赔偿金额是多少？

4. 某公司对外报某商品每吨 10000 美元 CIF 纽约，现外商要求将价格改报为 CFR 纽约，保险费率为 1%，问我方应从原报价中减去的保险费是多少？

5. 某货轮在某港装货后，航行途中不慎发生触礁事件，船舶搁浅，不能继续航行。事后船方反复开倒车强行浮起，但船底划破，致使海水渗入货舱，造成船货部分损失。为使货轮能继续航行，船长发出求救信号、船被拖至就近港口的船坞修理，暂时卸下大部分货物。前后花了 10 天，共支出修理费 5000 美元，增加各项费用支出（包括员工工资）共 3000 美元。当船修复后继续装上原货起航。次日，忽遇恶劣气候，使船上装载的某货主的一部分货物被海水浸湿。

问：

（1）从货运保险义务方面分析，以上所述的各项损失，各属于什么性质的损失？

（2）在投保了平安险的情况下，被保险人有权向保险公司提出哪些赔偿要求？为什么？

学习情境五：服装出口合同条款的磋商
——支付条款

一、学习目标

1. 能力目标
（1）能正确理解和把握服装出口合同中的支付条款
（2）能熟练运用《跟单信用证统一惯例》、《托收统一规则》，为出口收汇规避风险

2. 知识目标
（1）熟悉服装出口合同中各种支付方式
（2）掌握支付条款的表述方法及各种支付方式的风险大小比较

二、工作情景

宁波威联进出口贸易有限公司（NINGBO WEILIAN IMPORT AND EXPORT TRADING CO., LTD.）陈明在进行运保条款的准备工作后，想就合同条款中的支付条款做好磋商前的准备工作。

三、任务描述

根据上述背景资料，请你以公司业务员陈明身份从卖方角度就结算方式完成以下任务：

工作任务一：支付工具的选择
工作任务二：支付方式风险比较
工作任务三：支付条款的的确定

四、知识准备

《联合国国际货物销售合同公约》规定，收取货款是卖方的权利，支付货款是买方的义务。卖方希望安全收汇，及早收汇；买方希望延期付款，及早收货。因此，收汇条款是买卖双方洽谈的一项重要的条款，关系到买卖双方的切身利益。

我国对外贸易货款的收付，主要涉及支付工具、付款时间、地点及收付方式等问题，买卖双方在洽谈交易时，必须取得一致的意见，并在合同中具体订明。要完成以上任务，必须了解如下知识：

(一) 支付工具

国际货物贸易货款的收付可以使用货币或者票据。货币结算是极个别的，仅限于少量的购买，如购买样品，预付定金，少量赔款等。绝大多数的货款收付是通过票据进行的。票据是国际通行的结算和信贷工具，是可以流通转让的债权凭证。国际货物贸易中使用的票据主要有汇票、本票和支票，尤以汇票为主。那么，这些票据包括哪些内容，我们又该如何掌握并加以使用呢？

1. 汇票

（1）汇票的含义

汇票（Bill of Exchange，Draft）是指一个人向另一个人签发的，要求见票时或在将来的固定时间或可以确定的时间，对某人或其指定的人或持票人支付一定金额的无条件的书面支付命令。

（2）汇票的基本内容

各国票据法对汇票内容的规定不同，一般认为应包括下列基本内容：

①应载明"汇票"字样。

②无条件支付命令。

③一定金额。

④付款期限。

⑤出票依据。

⑥受票人（Drawee），又称付款人（Payer）。即接受命令付款的人，在进出口业务中，通常是进口人或其指定的银行。

⑦收款人（Payee）。即受领汇票所规定金额的人。在进出口业务中，通常是出口人或其指定的银行。

⑧出票日期。

⑨出票地点。

⑩出票人签字。

除了上述必备项目外，汇票还可以有一些票据法允许的其他内容的记载，例如，利息和利率、付一不付二、禁止转让、汇票编码、出票条款等。按照各国票据法的要求规定，汇票各项必须齐全，否则付款人有权拒付。汇票不仅是一种支付命令，而且是一种可转让的流通证券。

（3）汇票的种类

按照汇票出票人的不同，汇票可分为银行汇票和商业汇票。

①银行汇票（Bank's Draft）。是指出票人是银行的汇票。

②商业汇票（Commercial Draft）。是指出票人是商号或个人的汇票。

按照有无随附商业单据，汇票可分为光票和跟单汇票。

①光票（Clean Bill）。是指不附带商业单据的汇票。银行汇票多是光票。

②跟单汇票（Documentary Bill）。是指附带有商业单据的汇票。商业汇票一般为跟单汇票。

按照付款时间的不同，汇票可分为即期汇票和远期汇票。

①即期汇票（Sight Draft）。是指在提示或见票时付款的汇票。

②远期汇票（Time Bill or Usance Bill）。是指在一定期限或特定日期付款的汇票。关于远期汇票的付款时间，有以下几种规定办法：

a. 见票后若干天付款（At XX days after sight）。

b. 出票后若干天付款（At XX days after date）。

c. 提单签发日后若干天付款（At XX days after date of Bill of Lading）。

d. 指定日期付款（Fixed Date）。

值得注意的是，一张汇票往往可以同时具备几种性质。例如一张商业汇票，同时又可以是即期的跟单汇票。

（4）汇票的使用

汇票的使用有出票、提示、承兑、付款等，如需转让，通常经过背书行为转让。汇票遭到拒付时，还要涉及做成拒绝证书和行使追索等法律权利。

①出票（Issue）。出票是指出票人在汇票上填写付款人、付款金额、付款日期和地点以及收款人等项目，经签字交给收款人的行为。因此，出票行为包括两个动作：a. 写成汇票（Draw）；b. 将汇票交给收款人。出票是票据的基本行为。在出票时，对收款人通常有三种写法：

a. 限制性抬头。例如，"仅付 A 公司"（Pay A CO. Only）或"付××公司，不准流通"（Pay XX CO. Not Negotiable）。这种抬头的汇票不能流通转让，只限××公司收取货款。

b. 指示性抬头。例如，"付××公司或其指定人"（Pay XX CO. or Order 或 Pay to the Order of XX CO.）这种抬头的汇票，除××公司可以收取票款外，也可以经过背书转让给第三者。

c. 持票人或来人抬头。例如，"付给来人"（Pay Bearer）。这种抬头的汇票，无须由持票人背书，仅凭交付汇票即可转让。

②提示（Presentation）。提示是指持票人将汇票提交付款人要求承兑或付款的行为。

付款人见到汇票叫做见票（Sight）。提示可分为在即期汇票项下的付款提示和在远期汇票项下的承兑提示。

③承兑（Acceptance）。承兑是指付款人对远期汇票表示承担到期付款责任的行为。承兑也包括两个动作：a. 汇票付款人写明"承兑"字样并签名，同时注明承兑日期；b. 付款人将承兑的汇票交给持票人。付款人对汇票做出承兑，即成为承兑人。承兑人有在远期汇票到期时付款的责任。

④付款（Payment）。付款是指即期汇票或经过承兑的远期汇票到期时，持票人提示汇票，由持票人或承兑人履行付款。付款后，汇票上的一切债务即告终止。

⑤背书（Endorsement）。在国际市场上，汇票可以在票据市场上流通转让。背书是转让汇票权利的一种手续，是指汇票抬头人在汇票背面签上自己的名字，或再加上受让人（被背书人Endorsee）的名字，并把汇票交给受让人的行为。经背书后，汇票的收款权利便转移给受让人。汇票可以经过背书不断转让下去。对于受让人来说，所有在他以前的背书人（Endorser）以及原出票人都是他的"前手"；而对出让人以及出票人来说，所有在他让与或交付以后的受让人都是他的"后手"，前手对后手负有担保汇票必然会被承兑或付款的责任。

在国际市场上，一张远期汇票的持有人如想在付款人付款前取得票款，可以经过背书将汇票转让给贴现的银行或金融公司，由它们扣除一定贴现利息后的票款付给持有人，这就叫贴现（Discount）。

⑥拒付（Dishonor）。拒付，也称退票，是指持票人提示汇票要求承兑时，遭受拒绝承兑，或持票人提示汇票要求付款时，遭到拒绝付款。

除了拒绝承兑和拒绝付款外，付款人拒而不见、死亡或宣告破产，以致付款事实上已不可能时，也称拒付。

当汇票被拒付时，最后的持票人有权向所有的"前手"直到出票人追索。为此，持票人应及时做成拒付证书（Protest），以作为向其"前手"进行追索的法律依据。

2. 本票

(1) 本票的含义

本票（Promissory Note），是指一个人向另一个人签发的，保证于见票时或在可以确定的将来的时间，对某人或其指定人或持票人支付一定金额的无条件的书面承诺。简言之，本票是出票人对收款人承诺无条件支付一定金额的票据。

(2) 本票的主要内容

根据《日内瓦统一汇票、本票公约》规定，本票应具备以下几项内容：

①写明"本票"字样。

②无条件支付承诺。

③收款人或其指定人。

④出票人签字。

⑤出票日期和地点。

⑥付款期限。

⑦一定金额。

⑧付款地点。

(3) 本票的种类

本票可分为商业本票和银行本票两种。

由工商企业或个人签发的称为商业本票或一般本票，由银行签发的称为银行本票。商业本票有即期和远期之分，银行本票则都是即期的。在国际货物贸易结算中使用的本票，大都是银行本票，有的银行发行见票即付、不记载收款人的本票或是来人抬头的本票，它的流通性与纸币相似。

3. 支票

（1）支票的含义

支票（Cheque 或 Check）是以银行为付款人的即期汇票，即存款人对银行的无条件支付一定金额的命令。出票人在支票上签发一定的金额，要求受票的银行于见票时立即支付一定金额给特定人或持票人。

出票人在签发支票后，应负票据上的责任和法律上的责任。前者是指出票人对收款人担保支票的付款；后者是指出票人签发支票时，应在付款银行存有不低于票面金额的存款。如存款不足，支票持有人在向付款银行存有提示支票要求付款时，就会遭到拒付。这种支票叫做空头支票。开出空头支票的出票人要负法律上的责任。

（2）支票的主要内容

根据《日内瓦统一支票法》规定，支票应具备下列必要项目：

①写明"支票"字样。

②无条件支付一定金额的命令。

③付款人名称。

④付款人。

⑤出票日期和地点。

⑥出票人签字。

（3）支票种类

①记名支票。记名支票即为限制性抬头支票，在收款人一栏中注明收款人姓名，取款时须经收款人签名。

②不记名支票。不记名支票的收款人可以是任意持票人，取款时持票人无须在支票背后签章，即可支取。此项支票仅凭交付而转让。

③划线支票。是指在支票正面印有两条横向平行线的支票。划线支票不得由持票人提取现款，只能由银行转账。划线支票可以起到防止遗失后被人冒领，保障收款人利益的作用。

（二）支付方式

目前国际货物中贸易中所采用的支付方式主要要汇付、托收和信用证。除此之外，还可以采用隐银行保函、备用信用证和保理业务等。

汇付和托收支付方式都是由买卖双方根据国际货物买卖合同互相提供信用的，故属于商业信用。而信用证则是由银行承担付款责任，故属于银行信用。支付方式根据资金的流动方向与支付工具的传递方向,可以分为顺汇和逆汇两种方式。顺汇是指资金的流动方向与支付工具的传递方向相同。逆汇是指资金的流动方向与支付工具的传递方向相反。在支付方式中,汇付属顺汇,托收和信用证属逆汇。

1. 汇付

(1) 汇付的含义

汇付(Remittance)又称汇款,是指付款人主动通过银行或其他途径将款项汇交收款人。对于贸易的汇款如采用汇付,一般是由买方按合同约定的条件(如收到单据或货物)和时间,将货款通过银行汇交给卖方。这是国际货物贸易中最简单的货款结算方式。

(2) 汇付的当事人

汇付方式涉及四个当事人,即汇款人、汇出行、汇入行和收款人。

汇款人(Remitter),即付款人。在国际货物贸易结算中,通常是指进口人(买方)或其他经贸往来中的债务人。

汇出行(Remitting Bank)是接受汇款人委托或申请,汇出款项的银行,通常是进口人或其他经贸往来中的债务人所在地的银行。

汇入行(Receiving Bank)又称解付行(Paying Bank),即接受汇出行的委托,解付汇款的银行。汇入行通常是汇出行的代理行。出口人(卖方)或其他经贸往来中的债权人所在地的银行。

收款人(Payee)在国际货物贸易中,通常是出口人(卖方)或其他经贸往来中的债权人。

汇款人在委托汇出行办理汇款时,要出具汇款申请书。汇出行一经接受申请就有义务按照申请书的指示通知汇入行。汇出行与汇入行之间,事先订有代理合同规定的范围内,汇入行对汇出行承担解付汇款义务。

(3) 汇付的种类

根据不同的汇款方法,汇付方式有信汇、电汇和票汇三种。

①信汇(Mail Transfer,简称M/T)。是指汇出行应受款人的申请,将信汇委托书寄给汇入行,授权解付一定金额给收款人的一种方式。

信汇方式的优点是费用较为低廉,但收款人收到汇款的时间较迟。

②电汇(Telegraphic Transfer,简称T/T)。是指汇出行应汇款人的申请,拍发加押电报或电传给在另一国家的分行或代理行(即汇入行),指示解付一定金额给收款人的一种汇付方式。

电汇方式的优点在于收款人可迅速收到汇款,但费用较高。

③票汇(Remittance by Bank's Demand Draft,D/D)。是指以银行即期汇票作为支付工具的一种汇付方式。是汇出行应汇款人的申请,代汇款人开立以其分行或代理行为解付行的银行即期汇票,支付一定金额给收款人的一种汇款方式。

无论采用信汇、电汇还是票汇,其所使用的结算工具(委托通知或汇票)的传递方向与资金的流动方向相同,所以均是顺汇。但它们的不同点在于票汇的汇入行无须通知收款人取款,而由收款人持票登门取款;票汇的这种汇票除有限制转让和流通的规定外,经收款人背书,可以转让流通,而电汇、信汇的收款人则不能将收款权转让。

电汇、信汇程序如图5-1所示。

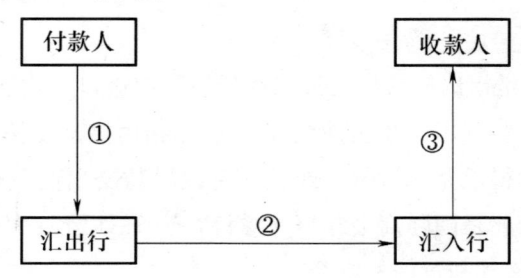

图5-1 电汇/信汇程序图

说明:

①填写电汇/信汇申请书,并交款付费给汇出行;

②汇出行以信函或电报方式授权汇入行解付一定金额给收款人;

③汇入行解付金额给收款人。

程序图:票汇

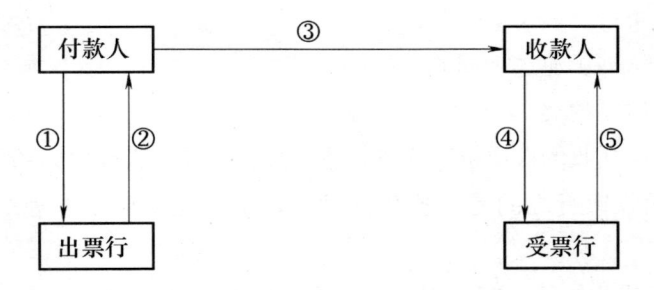

图5-2 票汇程序图

说明:

①付款人填写票汇申请书,并交款付费给汇出行(出票行);

②汇出行开立银行即期汇票交给汇款人,由汇款人寄给收款人;

③汇款人将汇票寄交收款人;

④收款人将汇票提示给指定受票行;

⑤受票行对汇票付款或承兑。

(4) 合同中的汇付条款举例

【例1】买方应不迟于1月15日将100%的货款经由票汇预付给卖方。

The Buyer shall pay 100% the sales proceeds in advance by Demand Draft to reach the Sellers not Later than Jan. 15.

【例2】买方应与2011年8月30日前将全部货款以电汇(信汇/票汇)方式预付给

卖方。

The Buyer shall pay the total value to the Sellers in advance by T/T（M/T or D/D）not Later than Aug. 30，2011。

2. 托收

（1）托收的含义

托收（Collection）是指出口人出具汇票委托银行向进口人收取货款的一种方式。

按照《托收统一规则》URC522的规定，托收是指由接到委托提示的银行办理金融单据和/或商业单据以便取得承兑或付款，或凭承兑或付款交出商业单据，或凭其他条件交出单据。《托收统一规则》是国际商会起草并修订，于1996年1月1日起正式实施，约束双方当事人各方权利、义务和责任的解释。

（2）托收方式的当事人

托收方式基本当事人有四个，即：委托人、托收行、代收行和付款人。

①委托人（Principal）是指委托银行办理托收业务的客户，通常是出口人。

②托收银行（Remitting Bank）是指接受委托人的委托，办理托收业务的银行，通常是出口人所在地银行。

③代收银行（Collecting Bank）是指接受托收行的委托向付款行收取票款的银行，通常是进口人所在地银行。

④付款人（Drawee）通常是进口人。

（3）托收的性质和种类

①托收的性质。托收的性质可以通过托收业务各有关当事人之间的关系来说明：

a. 委托人与托收银行之间是委托代理关系，按委托申请书办理，托收银行收取手续费。

b. 托收银行与代收银行之间，很可能没有任何关系，如付款人不付款，代收银行无能为力，只能如实转达付款人拒付或拒绝承兑，由出口人根据国际货物买卖合同的规定找进口人交涉、仲裁或司法诉讼。

从以上可看出，在托收方式下，委托银行代收货款，能否收到货款，完全取决于进口人的信誉，代收银行没有任何依据找进口人要钱，因此，托收的性质属商业信用。

②托收的种类。根据所使用的汇票的不同，托收分为光票托收和跟单托收。国际货物贸易中货款的收取大多采用跟单托收。在跟单托收情况下，根据交单条件的不同，又可分为付款交单和承兑交单两种：

◆ 付款交单（Documents against Payment，简称D/P）是指出口人的交单是以进口人的付款为条件。即出口人发货后，取得装运单据，委托银行办理托收，并在托收委托中指示银行，只有在进口人付款后，才能把装运单据交给进口人。

按付款时间的不同，付款交单又可分为即期付款交单和远期付款交单两种：

● 即期付款交单（Documents against Payment at Sighet，简称D/P at Sight），是指

出口人发货后开具即期汇票连同货运单据,通过银行向进口人提示,进口人在付清货款后向银行领取货运单据,流程图如图5-3所示。

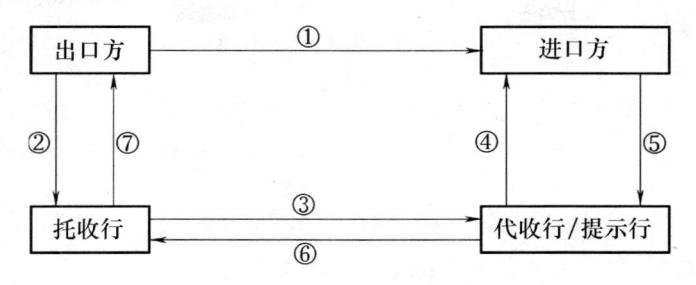

图 5-3 即期付款交单程序图

说明:

a. 委托人(出口方)向付款人(进口方)发货物;

b. 出口方整理好全套单据(含汇票、发票、提单等)交给托收行;

c. 托收行将全套单据寄交代收行;

d. 提示行向进口方提示汇票;

e. 进口方见票后立即履行付款责任,并取得全套单据;

f. 代收行将金额如数划拨给托收行;

g. 托收行将金额如数划拨给出口方。

● 远期付款交单(Documents against Payment after XX Days Sight,简称 D/P after Sight)是指出口人发货后开具远期汇票连同货运单据,通过银行向进口人提示,进口人审核无误后即在汇票上进行承兑,于汇票到期日付清货款后再领取货运单据。

在远期付款交单下,对于资信较好的进口人,出口人允许其凭信托收据(Trust Receipt),借取货运单据,先行提货,这就是付款交单凭信托收据借单(D/P.T/R)。信托收据是指进口人借单时提供书面信用担保文件,用来表示愿意以代理行受托人身份代为提货、报关、存仓、保险、出售,并承认货物所有权仍归银行。货物售出后所得的货款应于汇票到期时交银行。这是代收行向进口人提供的信用便利,而与出口人无关。因此,如代收行借出单据后,汇票到期不能收回货款,则代收行应对出口人负全部责任。但如系出口人指示代收行借单,日后,进口人在汇票到期时拒付,由出口人承担风险。

D/P after Sight 流程图如下:

说明:

a. 委托人(出口方)向付款人(进口方)发货物;

b. 出口方整理好全套单据(含汇票、发票、提单等)交给托收行;

c. 托收行将全套单据寄交代收行;

d. 托收行(提示行)向进口方提示汇票;

e. 进口方见票后承兑汇票,托收行(提示行)保留汇票及全套单据;

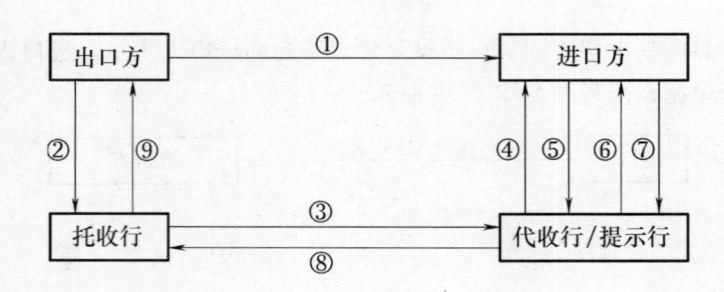

```
出口方 ——①——→ 进口方
 ↓↑              ↑↑↑↑
 ②⑨             ④⑤⑥⑦
 ↓↑              ↑↑↑↑
 托收行 ——③——→ 代收行/提示行
        ←——⑧——
```

图 5-4 远期付款交单程序图

f. 托收行（提示行）在到期日提示进口方付款；

g. 进口方见票后立即履行付款责任，并取得全套单据；

h. 代收行将金额如数划拨给托收行；

i. 托收行将金额如数划拨给出口方。

D/P. T/R 的程序图与近期付款交单的程序图基本相同，只是第⑤是付款人对汇票承兑后，凭信托收据 T/R 向代收行借单，便取得全套单据，并在汇票到期时付款。

◆ 承兑交单（Documents against Acceptance，简称 D/A）是指出口人的交单以进口人在汇票上承兑，承兑交单方式只适用于远期汇票的托收。进口人只要在汇票上承兑，就可取得货运单据，凭以提取货物。也就是说出口人已交出了物权凭证，其收款的保障依赖进口人的信用，一旦进口人到期不付款，出口人便会遭到货物与货款全部落空的损失。因此，出口人对接受这种方式一般持十分慎重的态度。

承兑交单的程序图，与即期付款交单的基本相同，只是第⑤是付款人对汇票承兑后便取得全套单据，并在到期时对汇票付款。

> ☆Case：
> 出口方委托银行以远期付款交单方式向进口方代收货款。货到目的地后，进口方凭信托收据向代收行借取了全套货运单据先行提货销售，但因经营不善而亏损，无法向银行支付货款。请问：出口方应向何方追偿？为什么？

（4）托收条款举例

【例1】即期付款交单。

"买方凭开具的即期跟单汇票，于第一次见票时立即付款，付款后交单。"

Upon first presentation the Buyers shall pay against documentary draft by the Sellers at sight. The shipping documents are to be delivered against payment only.

【例2】远期付款交单。

"买方对卖方开具的见票后××天付款的跟单汇票，于第一次提示时即予承兑，并应与汇票到期日即予付款，付款后交单。"

The Buyers shall duly accept the documentary draft drawn by the Sellers at ××days sight upon first presentation and make payment on its maturity. The shipping documents are to be delivered against payment only.

【例3】"买方对卖方开具的见票后××天付款的跟单汇票,于第一次提示时即予承兑,并应与汇票到期日即予付款,承兑后交单。"

The Buyers shall duly accept the documentary draft drawn by the Sellers at ××days sight upon first presentation and make payment on its maturity. The shipping documents are to be delivered against acceptance.

3. 信用证

国际贸易在某种程度上讲是一种单证贸易,而信用证是实现单证贸易的一个桥梁。据统计,我国约有一半的贸易额是通过信用证方式实现的。跟单信用证统一惯例(Uniform Customs and Practice for Documentary Credits,简称UCP),是国际银行界、律师界、学术界自觉遵守的"法律",是全世界公认的、到目前为止最为成功的一套非官方规定。七十多年来,超过160个国家和地区的ICC和不断扩充的ICC委员会持续为UCP的完善而努力工作着。目前的版本是顺应时代变迁、顺应科技发展的UCP600。这是UCP自1933年问世后的第六次修订版。UCP600共有39个条款、比UCP500减少10条,但却比UCP500更准确、清晰,更易读、易掌握、易操作。

(1)信用证的含义

根据UCP600第2条定义解释,"信用证"(Letter of Credit,L/C)是指一项约定,无论其如何命名或描述,该约定不可撤销并因此构成开证行对于相符提示予以兑付的确定承诺。简单地说,信用证是一种银行开立的有条件的承诺付款的书面文件。这个定义中隐含三层意思:

①信用证是由银行开立的,属于银行信用;

②卖方(受益人)需要向银行出示单据;

③出示的单据必须符合信用证条款。

(2)信用证的主要内容

信用证的主要内容,总的来说就是国际货物买卖合同的有关条款与要求受益人提交的单据,再加上银行保证。一般主要包括以下内容:

①信用证本身的说明。如信用证的编号,开证日期、到期日和到期地点、交单期限等。

②信用证的种类。分为即期付款、延期付款、承兑、议付以及可否撤销、可否转让等信用证。

③信用证的当事人。开证人、开证行、受益人、通知行等。此外,有的信用证还有指定付款行、偿付行、指定议付行等。

④汇票条款。包括汇票的种类、出票人、受票人、付款期限、出票条款及出票日期等。凡不需汇票的信用证无此内容。

⑤货物条款。包括货物的名称、规格、数量、包装、价格等。

⑥包括币别和总额。币别通常应包括货币的缩写与大写,总额一般分别用大写文字与

阿拉伯数字书写。信用证金额是开证行付款责任的最高限额,有的信用证还规定有一定比率的上下浮动幅度。

⑦装运与保险条款。包括装运地或起运地、卸货港或目的港、装运期限、可否分批装运、可否转运以及如何分批装运、转运的规定,以 CIF 或 CIP 贸易术语达成的交易项下的保险要求,所需投保的金额和险别等。

⑧单据条款。通常要求提交商业发票、运输单据和保险单据,此外,还有包括包装单据、产地证、检验证书等。

⑨特殊条款。视具体交易的需要而定。常见的有:要求通知行加保兑;限制由某银行议付;限装某船或不许装某船;不准在某港停靠或不准采取某条航线,在具备规定条件下信用证方始生效等。

除此之外,信用证通常还有开证银行的责任条款,根据《跟单信用证统一惯例》开立的文句,以及开证行签字和密押等。

(3) 信用证的当事人

信用证涉及的当事人较多,基本当事人有三个:开证申请人、开证行和受益人。此外,还有其他关系人,如:通知行、保兑行、付款行、偿付行、议付行等。

①开证申请人(Applicant or Opener),即向银行申请开立信用证的人,一般为进口人或实际买主。

②受益人(Beneficiary),即信用证上指定的有权使用信用证的人,即出口方或实际供货人。

③开证行(Issuing Bank),即接受委托开立信用证并承担保证付款的银行,一般为进口方银行。

④付款行(Paying Bank or Drawee Bank),即开证行指定的对信用证项下付款或充当汇票付款人的银行,可以由开证行自己承担,也可为进口方银行授权的银行。

⑤通知行(Advising Bank),即受开证行的委托,将信用证转交给受益人的银行,一般为开证行的往来行或出口方指定银行。

⑥议付行(Negotiating Bank),即开证行的授权买入或贴现受益人提交的符合信用证规定的汇票和单据的银行。一般为出口方银行或开证行指定的银行。

⑦偿付银行(Reimbursing Bank),又称信用证清算银行,是指信用证中所指定的代开证行偿付议付行(或付款行)票款的银行。它在进行偿付前无审单之必要,而且并非每一项跟单信用证业务均有偿付行,偿付行通常是开证行的存款银行或是开证行的分行、支行。

⑧保兑银行(Conforming Bank)是指根据开证行请求在信用证上加具保兑的银行。保兑行在信用证上加具保兑后,即对信用证独立负责,承担必须付款或议付的责任。在实际业务中,保兑行通常由通知行兼任。

(4) 信用证业务的一般程序

采用信用证方式结算货款,大体要经过申请、开证、通知、议付、索偿、付款、赎单等环节。现以最为常见的即期不可撤销的跟单议付信用证为例，简要说明收付程序，信用证业务程序示意图如下：

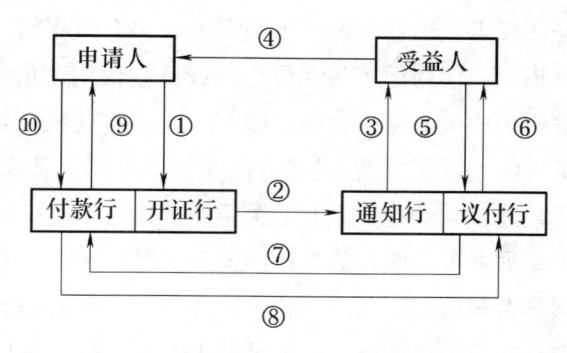

图 5-5 信用证业务的一般程序

说明：

①进口人（申请人）向当地银行提出申请，填写开证行申请书，依照合同填写各项规定和要求，并交纳押金或提供其他保证，请银行（开证行）开证；

②开证行根据申请书内容，向出口人（受益人）开出信用证，并寄交出口人所在地分行或代收行（统称通知行）；

③通知行核对印鉴无误后，将信用证交与出口人；

④受益人对照合同审核信用证，确认无误后，按照信用证要求出货；

⑤受益人审核信用证与合同相符后，按信用证规定装运货物，并备齐各项货运单据，开出汇票，在信用证有效期内，送请当地银行（议付行）议付。出货后制单，将全套单据交由议付行审单议付；

⑥议付行按信用证条款审核单据无误后，按照汇票金额扣除利息，把款项垫付给出口人；

⑦议付行将汇票和货运单据寄开证行（或其指定的付款行）索偿；

⑧开证行（或其指定的付款银行）核对单据无误后，付款给议付行；

⑨开证行（或其指定的付款银行）通知申请人付款赎单；

⑩申请人收到通知后付款给开证行（或其指定的付款银行）。

(5) 信用证业务的特点

①开证银行负首要付款责任。信用证支付方式是由开证银行以自己的信用做保证，所以，作为一种银行保证文件的信用证，开证银行应负首要的即第一性的付款责任。《跟单信用证统一惯例》明确指出：信用证是一项约定，按此约定，凭规定的单据在符合信用证条款的情况下，或承兑并支付受益人开立的汇票，或授权另一银行议付。因而，信用证开证行的付款责任，不仅是首要的而且是独立的，即使进口人在开证后失去偿付能力，只要出口人提交的单据符合信用证条款，开证银行也要付款。

②信用证是一项独立自主文件。信用证虽然是根据货物买卖合同开立的，但信用证一

经开立，它就成为独立于国际货物买卖合同以外的约定。信用证的各当事人的权利和责任完全以信用证中所列条款为依据，不受国际货物买卖合同的约束，出口人提交的单据即使符合国际货物买卖合同的要求，但若与信用证不一致，仍会遭银行拒付。对此，《跟单信用证统一惯例》中明确指出：信用证按其性质与凭以开立信用证的销售合同或其他合同，均属不同业务。即使信用证中援引这些合同，银行也与之毫无关系并不受其约束。同时，银行的付款，承兑并支付汇票或议付及/或履行信用证下任何其他义务的保证，不受申请人提出的因其与开证行之间或与受益人之间的关系所产生的索赔或抗辩的约束。

③信用证方式是纯单据业务。银行处理信用证业务时，只凭单据，不问货物，它只审查受益人所提交的单据是否与信用证条款相符，以决定其是否履行付款责任。《跟单信用证统一惯例》明确规定：在信用证业务中，有关各方所处理的是单据，而不是与单据有关的货物、服务及/或其他履行行为。在信用证业务中，只要受益人提交符合信用证条款的单据，开证行就应承担付款责任，进口人也应受单并向开证行付款赎单。如果进口人付款后发现货物有缺陷，则可凭单据向有关责任方提出损害赔偿要求，而与银行无关。但是，值得注意的是根据《跟单信用证统一惯例》的规定：银行有义务合理审慎地审核信用证规定的一切单据，但这种审核只是用以确定单据表面上是否符合信用证条款，开证行只凭表面上符合信用证条款的单据付款、承担延期付款责任、承兑汇票或议付。同样，开证行也要根据表面上符合信用证条款的单据承担接受单据并对履行以上责任的银行进行偿付的义务。

此外，还须强调指出，银行虽只根据表面上符合信用证条款的单据承担付款责任，但这种符合的要求却十分严格，在表面上绝不能有任何差异。也就是说，银行在信用证业务中是按"严格符合的原则"办事。

"严格符合的原则"不仅要求"单证一致"，而且还要求各种单据之间的一致，即所谓"单单一致"。按照《跟单信用证统一惯例》的规定：单据之间出现的表面上的彼此不一致，将被视为单据表面与信用证条款不符。

(6) 信用证的种类

①信用证可根据其性质、期限、流通方式等特点，分为以下两种：

a. 跟单信用证（Documentary Credit），是指开证行凭跟单汇票或仅凭单据付款的信用证。单据是指代表货物或证明货物已交运的单据而言。前者指海运提单，后者指铁路提单、航空提单、邮包收据等。国际货物贸易所使用的信用证绝大部分是跟单信用证。依照《跟单信用证统一惯例》，跟单信用证的适用范围包括备用信用证，据此，备用信用证项下的"单据"泛指任何依据信用证规定提供的用以记录或证明某一事实的书面文件。

b. 光票信用证（Clean Credit），是指开证行仅凭不附单据的汇票付款的信用证。有的信用证要求汇票附有非货运单据，如垫款清单等，也属光票信用证。在采用信用证方式预付货款时，通常是用光票信用证。

②保兑信用证和不保兑信用证。在不可撤销信用证中，按其是否有另一家银行参与保

证兑付，可分为保兑信用证和不保兑信用证两种。

a. 保兑信用证（Confirmed L/C）是指开证行开出的信用证，由另一家银行保证对符合信用证条款的单据履行付款义务，这样的信用证即为保兑的信用证。对信用证加保兑的银行，即为保兑行（Conforming Bank）。信用证的"不可撤销"是指开证行对信用证的付款责任。"保兑"则是指开证行以外的银行对信用证的付款责任。不可撤销的保兑的信用证，则意味着该信用证不但有开证行不可撤销的付款保证，而且又有保兑行的保证兑付保证，两者的付款人都是第一性的付款责任，所以这种有双重保证的信用证对出口商最为有利。

b. 不保兑信用证（Unconfirmed L/C）是指开证银行开出的信用证没有经另一家银行保兑。当开证银行资信好和成交金额不大时，一般都使用这种不保兑的信用证。

③根据付款时间不同，信用证可分为即期信用证和远期信用证。

a. 即期信用证（Sight Credit）是指开证行或付款行收到符合信用证条款的跟单汇票或装运单据后，立即履行付款义务的信用证。这种信用证的特点是出口人收汇迅速安全，有利于资金周转。在即期信用证中，有时还加列电汇索偿条款（T/T Reimbursement Clause），它是开证行允许议付行用电报或电传通知开证行或指定付款行，说明各种单据与信用证或指定付款行接到电报或电传通知后，有义务立即用电汇将货款拨交议付行。由于电报、电传较邮寄快，因此，信用证带电汇索偿条款的，出口商可加快收回货款，但进口商则要提前付出资金。付款后如发现收到的单据与信用证规定不符，开证行或付款行对议付行有行使追索的权利。这是因为此项付款是在未审单的情况下进行的。

b. 远期信用证（Usance Letter of Credit）是指信用证规定受益人凭远期汇票取款。使用远期信用证时，开证银行或付款银行收到符合信用证条款的单据后，并不立即付款，而是根据汇票的期限，等到汇票到期时付款。这种信用证的主要作用是便于进口商融通资金。

远期信用证在实际业务中还可分为远期加息信用证和假远期信用证两种：

远期加息信用证是指信用证规定受益人凭远期汇票取款，由买方负担利息。由于这种信用证的远期汇票不能贴现，只有待汇票到期时一并收取本息，因而出口人不能即期收汇，所以，一般应要求对方修改为即期付款。

假远期信用证（Usanee Credit Payable at Sight），亦称做"买方远期信用证"（Buyer's Usance L/C）。是指买卖双方在签订合同时规定，用即期信用证方式付款，而实际上由进口商开来远期信用证，要求受益人开具远期汇票，由进口商负担贴现利息和手续费，出口商（受益人）能即期收到全部货款的一种信用证。使用假远期信用证的原因主要有：第一，进口商利用银行信用和较低的贴现利息来融通资金，减轻费用负担，降低进口成本；第二，有的国家由于外汇紧张，法令规定交易一律须远期付款，银行只能开立远期信用证，或对银行开立即期信用证有严格限制。在此种情况下，在即期付款的交易中，进口商句采用远期信用证，要求开证行保证在可以贴现的市场进行贴现，利息和费用由进口商承担的假远期的做法。

假远期信用证须具备以下三个条件：

第一，规定受益人开立远期汇票，并由国外付款行负责贴现；

第二，一切利息、贴现费用、承兑手续费由进口商负担；

第三，保证受益人（出口商）能按时即期收取十足的货款。这种方式对开证申请人（进口商）来说，具有远期信用证的特征，信用证上规定开立远期汇票，开证申请人到期凭票付款。对受益人（出口商）来说，这种信用证是一种变相的即期信用证，能即期收汇。

使用假远期信用证实际上是进口商利用了银行承兑汇票，以取得比银行放款利率为低的优惠贴现率，并由进口商负担贴现利息和费用，换得远期汇票到期付款的有利条件。

假远期信用证与上述的远期加利息信用证尽管表面上有些相似，但两者是有区别的，主要表现在：

第一，开证基础不同。假远期信用证是以即期付款的国际买卖合同为基础。而远期加利息信用证是以远期付款的国际货物买卖合同为基础。

第二，信用证条款不同。假远期信用证中要求出口商开具远期汇票，同时在信用证上说明要求出口商开远期汇票，同时在信用证上说明该远期汇票可以即期付款，由进口商承担利息，开证行见票先行承兑，等汇票到期再支付本息。

第三，收汇时间不同。假远期信用证的受益人能即期收汇。而远期加息信用证要等汇票到期才能收汇。

但无论是假远期信用证还是远期加息信用证均须由进口商负担利息。

④根据受益人对信用证的权利可否转让，分为可转让信用证和不可转让信用证：

a. 可转让信用证（Transferable Credit）是指开证行授权通知行在受益人的要求下可将信用证的全部或部分权利让给第三者即第二受益人的信用证。信用证经转让后，即由第二受益人办理交货，但第一受益人仍须承担国际货物买卖合同上的卖方责任。根据《跟单信用证统一惯例》规定，只有明确注明"可转让"的信用证方能转让。可转让信用证只能转让一次，但允许第二受益人将信用证重新转让给第一受益人。

另外，开证行在信用证明确注明可转让的信用证时方可转让。如信用证注明"可分割"（Divisible）、"可分开"（Fractionable）、"可让渡"（Assignable）和"可转移"（Transmissible）等词，银行可以不予理会。

b. 不可转让信用证（Non-transferable Credit）。是指受益人不能将信用证的权利转让给他人的信用证。凡信用证中未注明"可转让"者，就是不可转让信用证。

⑤循环信用证（Revolving Credi），是指信用证被全部或部分使用后，其金额又恢复到原金额，可再次使用，直至达到规定的次数或规定的总金额为止。循环信用证一般适用于定期分批均衡供应、分批支款的长期合同。对进口人来说，可节省逐笔开证的手续和费用，减少押金，有利于资金周转；对出口人来说，可减少逐批催证和审证的手续，又可获

得收回全部货款的保障。

循环信用证可分为按时间循环信用证和按金额循环信用证。

a. 按时间循环的信用证是受益人在一定的时间内可多次支取信用证规定的金额。

b. 按金额循环的信用证是信用证金额议付后，仍恢复到原金额可再使用，直至用完规定总额为止。具体的循环方式通常有以下三种：一是自动式循环，即每期用完一定金额后，不需要等待开证行的通知，即可自动恢复到原金额。二是非自动循环，即每期用完一定金额后，必须等待开证行通知到达，信用证才恢复到原金额继续使用。三是半自动循环，信用证规定的每次金额使用后，需等待若干天，若在此期间开证行未发出停止循环使用的通知，即可自动恢复到原金额，可继续使用。

循环信用证与一般信用证的不同之处就在于：一般信用证在使用后即告失效；而循环信用证可多次循环使用。

⑥对开信用证（Reciprocal Credit），是指两张信用证的开证申请人互以对方为受益人而开立的信用证。其特点是第一张信用证的受益人（出口商）和开证申请人（进口商）就是第二张信用证的开证申请人和受益人，第一张信用证的通知行通常就是第二张信用证的开证行。两张信用证的金额相等或大体相等，两证可同时互开，也可先后开立。对开信用证多用于易货贸易、来料加工和补偿贸易业务，交易的双方都担心对方凭第一张信用证出口或进口后，另外一方不履行进口或出口的义务，于是采用这种互相联系、互为条件的开证办法，彼此得以约束。

⑦对背信用证（Back to Back Cresit），又称转开信用证，是指受益人要求原证的通知或其他银行以原证为基础，开一张内容相似的新信用证。对背信用证通常是由中间商为转售他人货物，从中图利，或两国不能直接进行交易需要通过第三国商人以此种办法沟通贸易而开立的。对背信用证的受益人可以是国外的，也可以是国内的，其装运期、到期日、金额和单价等可较原证规定提前或减少，但货物的质量、数量必须与原证一致。对背信用证的开证人（原证受益人）通常是以原证项下收得的款项来偿付对背信用证开证行（通常为原证通知行）已垫付的资金。所以，对背信用证的开证行除了要以原证做开新证的抵押外，为防止原证收不到款，一般还要求开证人缴纳一定数额的押金或担保品。由于对背信用证的条款修改时，新证开证人需得到原证开证人的同意，所以，修改比较困难，而且所需时间也较长。

⑧预支信用证（Anticipatory L/C），是指开证行授权代付行（通常是通知行）向受益人预付信用证金额的全部或一部分，由开证行保证偿还并负担利息。预支信用证与远期信用证相反，开证人的付款在先，受益人交单在后。预支信用证可分为全部预支或部分预支两种。在预支信用证项下，受益人预期支的方式有两种：一种是向开证行预支，出口人在货物装运前开具以开证行为付款人的光票汇票，由议付行买下向开证行索偿；另一种是向议付行预支，即由出口地的议付行垫付货款，待货款装运后交单议付时，扣除垫款本息将余额支付给出口商。如货未装运，由开证行负责偿还议付行的垫款和利息。为引人注目，

这种预支货款的条款，常用红字，故习称"红条款信用证"（Red Clause L/C），但现今信用证的预支条款并非都用红字表示，但效力相同。目前，我国在补偿贸易中有时采用这种信用证。同时，与此相似的尚有"绿条款信用证"，这种信用证的开证行要求受益人必须将预支货款项下的货物以开证行名义存放在出口地海关仓库，受益人凭"栈单"和以后补办装运单据的声明书以及汇票预支部分货款。

⑨付款信用证、承兑信用证与议付信用证

a. 付款信用证（Payment Credit）是指凡是指定由某一银行付款的信用证，称为付款新颖证。付款信用证一般不要受益人开具汇票，而仅凭受益人提交的单据付款。在付款信用证这通常有类似的保证文句："我们凭提交符合信用证的单据付款"（We hereby engage that payment will be duly made against documents presented in conformity with the terms of this credit.）。

b. 承兑信用证（Acceptance Credit）是指凡是指定由某一银行承兑的信用证，称为承兑信用证，即当受益人向指定银行开具远期汇票并提示时，指定银行即行承兑，并于汇票到期日履行付款。在承兑信用证中通常有类似的保证文句："我们保证凡符合信用证条款的汇票被提示时及时承兑，并于到期日及时付款。"（We hereby engage draft（s）drawn in conformity with the terms of this credit will be duly accepted on presentation and duly honored at maturity.）

c. 议付信用证（Negotiation Credit）是指凡是开证行允许受益人向某一指定银行或任何银行交单议付的信用证，称为议付信用证。

议付信用证又可分为公开议付信用证和限制议付信用证：公开议付信用证（Open Negotiation Credit）又称自由议付信用证（Freely Negotionation Credit），是开证行愿意办理议付的任何银行作出公开议付邀请和普遍付款承诺的信用证，即指任何银行均可按信用证条款自由议付的信用证；限制议付信用证（Restricted Negotiation Credit）是指开证行指定某一银行或开证行本身自己进行议付的信用证。

公开议付信用证和限制议付信用证的到期地点都在议付行所在地。这种信用证经议付后，如因故不能向开证行索取票款，议付行有权对受益人行使追索权。

【案情举例】某出口公司对美成交女上衣600件，合同规定绿色和红色面料的上衣按3∶7搭配，亦即绿色的180件。红色的420件。后我国开来的信用证上改为红色的30%，绿色的70%。但该出口公司仍按原合同规定的花色比例装船出口，遭银行拒付。

请问：①银行为什么拒付？

②收到来证后，我方应如何处理？

【分析】信用证是一项自足文件，一旦开立，就与合同无关，开证行付款的条件是"单证一致，单单一致"，否则银行不予议付。卖方应于收证后立即通知开证人改证，绝不能置信用证于不顾而单凭合同规定行事。

(7) 信用证条款举例

①即期信用证支付条款。示例如下：

买方应通过卖方可接受的银行于装运月份前×××天开立并送达卖方不可撤销的即期信用证，有效期至装运月份后 15 天在中国议付。

The Buyers shall open through a bank acceptable to be the Sellers an Inevitable Sight Letter of Credit to reach the Seller ×× days before the month of shipment, valid for negotiation in China until the 15th day after the month of shipment.

②远期信用证支付条款。示例如下：

买方应通过卖方可以接受的银行于装运日前×××天开立并送达卖方见票后 30 天付款的信用证，有效期至装运日后 15 天在北京议付。

The Buyers shall open a Letter of Credit at 30 days after sight through a bank acceptable to be the Sellers ×× days before the date of shipment, valid for negotiation in Beijing until the 15th day after the date of shipment.

五、操作示范

公司业务员陈明对不同结算方式的风险大小进行了比较，从自己公司作为卖方的角度考虑，认为使用信用证结算相对于汇付和托收而言，收汇更有保障，尽管制单任务较另外两种结算方式要求更高，还是选择了信用证作为本次交易的结算方式，并且选用外贸中常用的汇票作为支付工具。

公司业务员陈明从卖方角度草拟的合同的支付条款如下：

支付方式：即期议付信用证

Payment: by negotiable L/C at sight

六、跟学训练

1. 某信用证规定，装船时间不得迟于 2 月 1 日，信用证的有效期为 2 月 15 日之前，在中国议付有效。因运输问题，经买方同意，开证行通知议付行装船期修改为"不迟于 2 月 11 日"。出口方如期出运后，于 2 月 20 日备妥全套单据向银行办理议付，却遭到拒付。请分析银行拒付的原因。

2. 我某丝绸进出口公司向中东某国出口丝绸织制品一批，合同规定：出口数量为 2100 箱，价格为 2500 美元/CIF 中东某港，5～7 月份分三批装运，即期不可撤销信用证付款，买方应在装运月份开始前 30 天将信用证开抵卖方。合同签订后，买方按合同的规定按时将信用证开抵卖方，其中汇票条款载有"汇票付款人为开证行/开证申请人"字样。我方在收到信用证后未留意该条款，即组织生产并装运，待制作好结汇单据到付款行结汇时，付款行以开证申请人不同意付款为由拒绝付款。

问：

（1）付款行的做法有无道理？为什么？

（2）我方的失误在哪里？

七、课外拓展

1. 在服装出口贸易中，对不同的国家应该采用不同的支付方式，你认为出口到俄罗斯、中东地区、日本、越南、智利各采用什么样的支付方式比较可行？请结合地区实际情况确定合同中的支付条款。

2. 在买方不愿意采用信用证的方式下，卖方应如何规避风险？请说明实际操作方法。

3. 如支付方式为 50%D/P at sight，50%L/C，为了防止货款两空，全套单据应附在哪种方式下对卖方来说比较安全？

学习情境六：服装出口合同条款的磋商
——检验及其他条款

一、学习目标

1. 能力目标
（1）能正确理解和把握服装出口合同的检验条款
（2）能根据业务背景拟定合同的检验条款
（3）能根据业务背景拟定索赔、不可抗力、仲裁条款

2. 知识目标
（1）熟悉主要检验机构及检验方法
（2）掌握服装出口合同检验条款的表述方法
（3）了解不可抗力的概念及表述方法
（4）了解仲裁的法律效力

二、工作情景

宁波威联进出口贸易有限公司（NINGBO WEILIAN IMPORT AND EXPORT TRADING CO., LTD.）的陈明在进行支付条款的准备工作后，想就合同条款中的检验条款做好交易前的准备工作。

三、任务描述

工作任务一：检验条款的确定
工作任务二：索赔条款的确定
工作任务三：不可抗力条款的确定
工作任务四：仲裁条款的确定

要求：根据上述背景资料，请你以公司业务员陈明身份从卖方角度就检验条款、索赔、不可抗力、仲裁条款进行草拟。

四、知识准备

在国际服装贸易中，买卖双方分处两国或两个地区，难以当面交接和验收货物，同时货物经过长途运输难免发生残损、短损等情况。为了分清责任归属，需要一个有特定资格

的、与买卖双方当事人无利害关系的检验机构进行检验、鉴定和证明，并出具检验证明书，以此作为买卖双方最终交接货物、清算货款的依据和凭证，以维护买卖双方的正当权益，保障贸易活动的顺利进行。另外，在实践中，买卖双方有时会发生索赔争议，如果能就索赔事项达成一致，并将索赔条款以及不可抗力及仲裁条款写在合同中，将会减少不必要的分歧。下面就检验、索赔、不可抗力、仲裁条款分别进行阐述。

（一）检验条款

1. 服装检验的含义及作用

（1）服装检验的含义

商品检验（Commodity Inspection）又称货物的检验（Inspection of the Goods），是指在国际贸易买卖中，对卖方所交付货物的质量、数（重）量和包装进行检验和鉴定，以确定其是否符合合同规定；有时还对装载技术条件、卫生、疫情、运输途中发生的残短损以及安全等方面进行检验和鉴定。我们通常简称其为"商检"。

（2）服装检验的作用

商品检验是国际货物买卖中不可缺少的一个重要环节，也是买卖合同中不可缺少的一项内容，商品检验在国际货物贸易中起着重要的作用。对于出口服装的检验，主要有以下作用：

①有效地维护出口服装的信誉、促进出口服装质量的提高。我国出口服装要同全世界广大消费者见面，出口服装质量的好坏，不仅关系到我国服装能否进入国际市场和打开销路的问题，而且还关系到我国对外贸易的信誉问题。目前，很多发达国家在服装进口时，设置了各种技术性贸易壁垒。为了保证我国出口服装的质量和维护我国对外贸易信誉，为了加强我国出口服装在国际市场上的竞争能力，做到以质取胜，我们不能让不合格的服装出口。良好而稳定的质量是国际市场的"通行证"，不严格把好质量关，无异于自杀。即使是名牌服装，也要严格检验把关，这样做的目的是为了保住名牌，保住市场；否则，名实不符，会把牌子卖倒，把市场丢掉。我国服装产品的高质量标准，关键在于生产和经营部门要树立"质量第一"的思想，要有为祖国争荣誉的高度责任感和事业心，要采取各种有效措施加强科研、生产和销售过程中的质量管理，以提高出口服装的质量，增强企业在国际市场上的竞争力。

②把好进口服装质量关，有效地维护国家和人民的利益。通过检验发现问题，不仅为国家挽回了损失，而且更重要的是保护消费者的健康，避免对人体有害的服装的进口。商检部门通过实施法定检验，在发现问题后出具检验证明，凭此向国外索赔或对外进行结算，有效地维护国家的权益。

③办理公证鉴定业务，为对外贸易关系人提供方便。我国商检机构除了进行进出口服装品质管理任务外，还做了大量的公证鉴定工作，商检机构和国家商检局指定的检验机构在办理公证鉴定业务时所签发的各种鉴定证书，已经为世界各国普遍接受，并作为有关方

面的履行契约、办理进出口服装的交接、议付货款、计费、理算、报关、纳税和处理索赔的有效凭证，这就为买卖双方或其他关系人提供了便利，为对外贸易的发展做出了积极的贡献。

④为买卖双方交接货物、结算货款、通关计税和索赔理赔提供了依据。在现今的国家货物贸易中，买卖双方可凭借计算机、网络等现代化的通信手段顺利成交，而货物的运输、仓储、质量检验交接清点等都委托各专业机构办理。国际货物贸易中货物的差异性、多样性及当事人对货物质量、数量、重量等方面的不同要求的技术性，决定了必须由一个为买卖双方所接受的权威、公正、具备相应的专业技术的检验机构对进出口商品进行检验，并出具检验证明，以此作为货物交接的重要依据。在银行对成交的货物进行结算时，需要依据商品检验所出具的有关品质、等级、数量及重量的检验证明，对该笔交易进行结算和付款。船运及仓储部门要按照商检货载衡量中记载的货物重量和体积计算费用。海关需要依据商检出具的检验证书决定商品可否进口或出口放行，并依据商检出具的原产地证书确定征收关税的标准。在发生海难或货物发生残损时，保险公司要依据商检出具的验残结果进行理赔。

2. 服装检验的主要机构

服装出口的检验机构不仅仅有国家官方检验机构，还有许多民间的、私营的或半官方的检验机构，包括一些国外著名的跨国公司和一些合资检验机构，他们也参与我国进出口商品的检验鉴定工作。有些检验机构与世界许多国家有着各种协议及多年的合作关系，为我国的进出口商品的检验工作做出了贡献。现将与服装有关的主要检验机构介绍如下。

①国家质检总局。我国于 2001 年 4 月由原国家质量技术监督局和国家出入境检验局合并，成立中华人民共和国国家质量监督检验检疫总局（State General Administration of the People's Republic of China for Quality Supervision and Inspection and Quarantine，简称国家质检总局）。国家质量监督和检验总局主管我国质量监督和检验工作，其责任范围包括主管全国质量、计量、出入境商品检验、出入境卫生检疫、出入境动植物检疫和认证认可、标准化等工作，为我国包括服装和纺织品在内的进出口商品检验做出了贡献。

② 瑞士通用公证行（SGS）。瑞士通用公证行（SOCIETE GENERALE DESURVEILLANCE S. A.）是目前世界上最大的专门从事国际商品检验、测试和认证的集团公司，是一个在国际贸易中有影响的民间独立检验机构。SGS 创建于 1878 年，其总部设在日内瓦，目前在世界各地设有 1250 多家分支机构和专业实验室，拥有 6 万多名员工，在全球 143 个国家开展检验、鉴定、测试和认证服务。SGS 是一个综合性的检验机构，服务范围覆盖农产、矿产、石化、工业、消费品、汽车、生命科学等多个行业的供应链上下游，可进行各种物理、化学和冶金分析，包括进行破坏性和非破坏性试验，向委托人提供完整的数量和质量检验以及有关的技术服务，提供装运前的检验服务，提供各种与国际贸易有关的诸如商品技术、运输、仓储等方面的服务，并在全国很多城市设有纺织品实验室，为国内外进出口方提供全面的检验、实验和认证服务。

③天祥检验集团（ITS）。天祥检验集团（ITS，INTERTEK TESTING SETVICES）是一个国际性的商品检验组织，总部在伦敦。为了加强其在世界贸易领域中的竞争地位，ITS 通过购买世界上有名望、有实力的检验机构，组建自己的检验集团。ITS 集团中包括嘉碧集团、天祥国际公司、安娜实验室、英之杰劳埃德代理公司（汉基国际集团、马休斯丹尼尔公司）、英特泰克服务公司及英特泰克国际服务有限公司等。ITS 对服装纺织品的检测包括纤维分析、羊毛鉴定、特殊纤维鉴定、纤维测量、PH 酸碱度、水分含量、可萃取物、燃料鉴定、淀粉含量、填充物及杂质含量、棉丝光处理、甲醛含量等检测项目。

④日本海事鉴定协会（NKKK）。日本海事鉴定协会（NKKK，NIPPON KAIJI KENTEI KYOKAI）创立于 1913 年，是一个社团法人检验协会，主要是为社会公共利益服务。NKKK 总部设在东京，除在本国各港口设有检验所外，还在泰国、新加坡、马来西亚、菲律宾和印度尼西亚等国设有海外事务所。目前，NKKK 在国内外设立的分支机构有 70 多个，业务范围很广，包括纺织品服装的检测，主要检验项目有：舱口检视、积载鉴定、状态检验、残损鉴定、水尺计重、液体计量、衡重衡量及理化检验等，还接受从厂家到装船或从卸货到用户之间的连续检验。NKKK 与中国商品检验机构签订长期委托检验协议，多年来，双方有着密切的委托检验业务和频繁的技术交流。

⑤国际羊毛局（IWS）。国际羊毛局（IWS，INTERNATIONAL WOOL SECRETARIAT）成立于 1937 年，是一个非牟利性机构。其宗旨是为各成员国建立羊毛制品在全球的长期需求。成员国中最大的羊毛出口国是澳大利亚、新西兰及南半球一些国家，他们出口的原毛占全球年成交量的 80% 左右。国际羊毛局总部设在伦敦。国际羊毛局在世界上 34 个最重要的羊毛市场上设有分支机构，并且成了一个国际性的服务网。国际羊毛局中国分局设在香港九龙，向国内有关单位提供信息和咨询服务。国际羊毛局本身并不制造和销售羊毛制品，但它在建立羊毛需求过程中，经常与纺织工业各层次的单位保持密切的联系，包括为零售商和羊毛纺织工业生产单位提供原毛挑选、加工工艺、产品开发、款式设计、品质控制、产品推广等方面的协助和支持，并与他们联合进行宣传活动，如推行世界知名的纯羊毛标志。国际羊毛局目前拥有的羊毛产品标记有"纯羊毛标记"、"高比例混纺标记"、"羊毛混纺标记"三种。上述三种标志的产品除了羊毛含量，其产品标准是一样的，只有质量完全达到国际羊毛局品质要求的产品才能使用国际羊毛局羊毛产品标记。各种羊毛标记的毛纤维含量是：使用纯羊毛标记要求纯新羊毛不少于 93%；使用高比例混纺标记，羊毛含量不得少于 50%；使用羊毛混纺标记要求羊毛含量介于 30%～50% 之间。

⑥美国材料与试验协会（ASTM）。美国材料与试验学会（ASTM，AMERCAN SOCIETY FOR TESTING AND MATERIALS）成立于 1896 年，总部设在费城，是美国资格最老、规模最大的学术团体之一，是从事工业原材料标准化的一个非官方组织。ASTM 从事的业务范围十分广泛，涉及冶金、机械、化工、纺织、建筑、交通、动力等领域生产或使用的原材料及半成品。ASTM 所制订的标准范围广、影响大、数量多，其中大部分被美国国家标准学会（ANSI）直接纳入国际标准。美国的一些专业学会，如钢铁、纺织、

机械工程等，都与 ASTM 有合作关系。ASTM 在国际上也很有影响，它所制订的标准被国际上很多贸易双方采用，用于供货合同的品质条款，我国进口的原材料检验也常用 ASTM 标准。

3. 出口服装的检验程序

商检机构根据《商检法》及其《实施条例》规定，对出口服装进行检验要依据外贸出口合同、成交样以及检验标准等，而且有一定的程序。出口服装的检验程序主要是报检——抽样——检验——签证和放行。

（1）报检及预检、重检、复验和委托检验

①报检。报检是整个服装检验工作中的第一个环节，发货人或其代理人应当在商检机构规定的地点和期限内，向商检机构申请报检。

办理出口报检时，报检人需提供以下单证：

a. 出口商品申请检验单。

b. 买卖双方签订的出口合同及信用证。

c. 服装生产工艺制作单和装箱单。

d. 厂检结果单及"标识查验申请单"。

e. 商检机构检验合格的纸箱证书。

f. 该批货物出运的发票。

经产地商检局检验的出口服装，在口岸出口报检时应同时提供产地商检局签发的"检验换证凭单"正本。

②申请预检。商检机构对已生产好的出口服装（尚未确定出运数量、运输工具、加刷出口标记），经工厂检验合格后，报检人可向商检机构提出预检申请。经预检合格的出口服装，签发"预检结果单"，出口时凭"预检结果单"办理出口换证。

③申请重检。需申请重检的为下列情况之一：

a. 经检验合格后，超过检验有效期还未出口的。

b. 经检验不合格，工厂返工后的。

c. 由于分批、并批出运影响原来检验结果，保管不良以及受其他影响使质量发生变化的。

d. 口岸检验时发现不合格，经加工整理后的。

④申请复验。报检人对检验结果有异议而提出的复验，需按国家商检局《进出口商品复验办法》规定执行。

⑤委托检验。凡生产、经营单位或有关单位需要了解服装的质量情况，可向商检机构申请委托检验。申请委托检验需填写"委托检验申请单"，并详细注明委托检验内容及检验标准。委托检验证书不能作为出口放行或签发检验证书的依据。

（2）抽样

抽样是指商检机构按规定从包装完好的整批货物中，抽取代表性的样品。并对所抽取的样品进行检验，评定该批服装质量的过程。

目前出口服装抽样方法是根据统计原理制定的计数抽样法。所谓的计数抽样检验方法，是根据生产流水作业及连续生产的特点，在抽检时根据检验规程和标准评判样品中的每个项目，用计数值的方法并以记录的不合格品（缺陷）个数为依据，来判断全批产品是否合格。出口服装抽样方法主要是依据 SN/T0553—1996《出口服装检验抽样方法规程》和 SN/T0453—1995《出口毛针织品检验规程》中的抽样规定。

①抽样的基本要求。有以下四点：

a. 按照标准或合同、有关单证进行抽样。

b. 抽取的样品要包括全批货物所有的颜色（花色）和尺码；箱号要间隔开，在所抽取的样箱中平均抽取件数。

c. 装箱成堆的货物，必须翻堆随机抽样。

d. 商检局自检的出口服装，由商检人员自行抽样。

②抽取样品遵循的原则。有以下四点：

a. 随机性：按随机原则从整批货物中抽取样品。

b. 代表性：抽取的样品要有足够的代表性。

c. 可行性：抽样的数量、方法应切合实际，合理可行，符合要求。

d. 先进性：抽样标准和技术要赶上国际先进水平，以适应国际贸易发展的需要。

（3）检验

①检验方式。商检机构应在工厂检验合格的基础上，按照服装产品的标准对出口服装进行检验，检验方式可分为：自检、共同检验、认可检验。

②审核单证。商检机构接受报检后，在检验前要认真审核以下有关单证：

a. "出口商品检验申请单"。

b. 合同、信用证和各项检验依据等是否齐全有效。

c. 厂检结果单所填写的内容是否完整准确。

d. 其他必需的单证。

③检验项目。服装检验的范围很广，主要包括外观质量检验、内在质量检验和标识检验等方面。

◆ 外观质量检验。外观质量检验是服装检验的一个重要内容，各类服装外观检验程序应按"先上后下，先左后右（先右后左），从前到后，从面到里"的原则进行，做到不漏检，动作不重复，达到既快又好的工作效果。

检验的有关条件是：

成品检验必须在正常的北向自然光线下进行，如果在灯光下检验其照度须不低于750LX。

外观检验台规格：为 100 厘米×200 厘米

检验工具：人体模型架；卷尺；GB250—1995《评定变色用灰色样卡》。

成衣外观：检验服装的款式、花样（花色）、面辅料缺陷、整烫外观、缝制、折叠包装及有无脏污、线头等。

规格检验：逐件测量所抽取的样品、各部件的规格尺寸。

数量检验：核对总箱数、总件数是否与规定要求相符。

包装检验：包括外包装检验和内包装检验。

● 外包装检验主要检验

a. 是否内外清洁、牢固、干燥、适应长途运输。

b. 箱底箱盖是否封口严密、牢固、封箱纸贴正，两侧下垂 10 厘米。

c. 内外包装大小是否适宜。

d. 外包装是否完好无损，加固带要正，松紧适宜，不准脱落，卡扣牢固。

e. 唛头标记是否清晰、端正，品名、规格、重量及纸箱大小等是否与货物相符。

● 内包装检验主要检验

a. 实物装入盒内是否松紧适宜，纸包折叠端正、捆扎适宜。

b. 盒（包）内外清洁、干燥，盒（包）外标记字迹是否清楚。

c. 胶袋大小是否与实物相适应，封口松紧适宜，不得有开胶、破损现象。胶袋透明度要高，印有字迹图案的要求清晰，并与所装服装上下方向一致。

d. 装箱检验中，包装的数量、颜色、规格、搭配是否符合要求。

● 结果判定时，若出现下列情况，判全批不合格

内外包装箱破损、潮湿、严重污染、箱体变形、标记刷错、加固袋脱落、木箱腐朽、霉变、虫蛀、装箱不符合要求等影响服装质量及运输的，则判全批不合格。

◆ 内在质量检验

根据合同、信用证的要求，对规定的项目进行物理、化学测试。如线密度、染色牢度、安全卫生等。

◆ 标识检验

鉴于禁止纺织品非法转口的有关规定，对服装的标签、挂牌和包装的产地标识，进行检验。对符合规定要求的由商检机构签发出口纺织品标识查验放行单。

◆ 结果判断

经检验的出口服装在检验中要做好详细检验记录，根据标准、合同及有关规定进行综合判定。经检验合格予以签证放行。

（4）签证和放行

出口服装经商检机构检验合格后，根据贸易合同、信用证和申请人的要求，商检机构可对外签发品质、包装检验证书或签发出口商品放行单。对检验不合格的出口服装，签发不合格通知单。出口服装预检合格的，可签发预检结果单或出口商品检验换证凭单。商检机构对每批出口服装只能采用下述的其中一种形式予以放行，不得重放。

①列入《目录》内的出口服装，经商检机构检验合格后，办理签证和放行手续：

a. 开具放行通知单。

b. 在出口货物报关单上核盖"放行章"。

c. 发给注有"仅供通关使用"字样的检验证书（品质）副本。

d. 对欧盟、独联体等国家铁路、陆运的出口商品，签发随车商检证书（品质）正本。

②商检证书（Inspection Certificates）

商检证书是各种进出口商品检验证书、鉴定证书和其他证书的统称。具有法律效力。

出口服装签发商检证书（证单）的种类：

a. 出口服装品质检验证书，是证明出口服装的品质证单。

b. 出口服装数量检验证书，是证明出口服装的数量的证单。

c. 出口服装检验换证凭单（供商检内部使用），出口时凭此单向口岸商检机构申请查验换证用的证单。

d. 预检结果单。

e. 检验不合格通知单。

f. 委托检验结果单。

签发商检证书要注意的问题：

a. 检验结果准确。

b. 缮制证书必须做到不错、不漏、证面清晰、整洁、美观。

c. 检验证书日期，按实际检验日期签发。

d. 出口服装检验证书须包括：抽样过程、检验依据、检验结果、评定意见等四项基本内容。

4. 检验的时间和地点

虽然各国法律及有关国际公约对买方的检验权都有明确规定，一般都承认买方在接受货物前，有权检验货物。但对于检验的时间和地点，各国法律却未作统一规定。为了分清责任，买卖双方应在合同予以明确。当事人在规定检验的地点和时间时，应充分考虑买卖合同所使用的贸易术语以及货物自身的性质。在服装贸易合同中，对检验的时间和地点有三种规定方法：

（1）在出口国装船前检验

这种规定方法主要包括交货时工厂检验和装运时在装运港（地）检验两种情况。交货时在工厂检验是指由产品制造工厂或买方的验收人员在产品出厂前进行检验或验收。在这种情况下，卖方只承担产品在离厂前的责任，至于运输途中的品质、数量变化的风险，概由买方负担。装运前或装运时在装运港（地）检验是指在以离岸品质、数量为准的条件下，卖方所交货物的品质、数量是以装船前检验合格，说明卖方已按合同规定交货，买方原则上一般不得根据到货时的品质或数量与离岸时不符而提出异议或索赔。这种做法，一般意味着买方无复验权。

（2）在进口国卸货后检验

这种规定方法是指货物到达目的港后，在约定时间内进行检验。检验地点可因商品性质不同而异，一般可在目的港码头仓库进行检验，并以检验结果作为货物质量和数量交货的最后依据。在采用这种条件时，卖方应承担货物在运输途中，品质、重量变化的风险，买方有权根据货物到达目的港时的检验结果，在分清责任的基础上，对属于卖方责任造成的货损、货差向卖方提出索赔，直至拒收货物。

（3）在出口国检验、到进口国复验

这种做法是货物在装船前进行检验，以装运港商检机构出具的检验证书，作为卖方议付货款的依据之一；货到目的港后，买方有权复验，以目的港商检机构出具的检验证书作为买方向有关当事人对货损、货差提出异议、索赔的依据。这种方法，是我国对外贸易合同中大量使用的方法。

"在进口国检验"和"在出口国检验、到进口国后复验"的根本区别在于：前者是以进口国检验结果为准，卖方除了要承担由于货物本身缺陷所造成的货损、货差之外，也要对货物的自然损耗承担责任。后者是卖方只有在两地检验的差距超过一定范围时，才承担责任。实际上是排除了自然损耗的责任。这种做法，买方复验的结果不能作为最后依据，而且由双方根据两地检验结果进行协商，求得解决办法。

近年来，随着国际贸易的发展，在检验的时间、地点和具体做法上，国际上出现了一些新的做法和变化。例如，在出口国装运前预检验，在进口国最终检验，即在买卖合同中规定货物在出口国装运前由买方派员自行或委托检验机构人员对货物进行预检验，货物运抵目的港（地）后，买方有最终检验和索赔权。

此外，为了减少因两地检验结果不同产生争议，保证合同的顺利履行，一般在检验条款中应规定：凡属保险公司及承运人责任者，买方不得向卖方提出索赔，只能向有关责任方要求赔偿；如两地检验结果的差距在一定范围之内，则以出口检验结果为准，如超过一定范围，由双方协商解决；如未解决，可交第三国检验机构进行仲裁性检验，或者规定超过范围部分由双方平均分担。

5. 商品检验条款及举例

【例1】买卖双方同意货物在装运港（地）装运前由中国出入境检验总局进行检验，签发质量和重量（数量）检验证书。作为 L/C 项下议付单据的一部分，允许买方有权对货物运抵目的港（地）卸货后经双方同意的检验机构进行复验。如发现货物的质量、数量、包装不符合合同规定时，买方有权向卖方索赔，并提供经卖方同意的公证机构出具的检验报告。索赔期限为货物到达目的港（地）后20天。

Both Buyer and Seller agree to inspect the goods before shipment at the port of shipment. The quality and weight（quantity）certificate issued by State General Administration of the People's Republic of China for Quality Supervision and Inspection and Quarantine will be regarded as a part of documents presented for negotiation under the L/C. The Buyer has the right to re‐inspect the goods delivered at the port of destination by an inspection bureau agreed by both parties. In case the quality, quantity and packaging of the contract, the Seller should provide with those stipulated in the contract, the Seller should provide the inspection report issued by authority agreed by the Seller. The duration for loading claims should be within twenty days after the arrival of the goods at the destination port.

【例2】双方同意在出口国产地、工厂或装运前或装船时检验，由中国出入境检验总局检验后签发的质量和重量检验证书，作为买卖双方最后交货的依据，买方无权对货物的质量和数量、重量进行复验，若发现异议无权向卖方提出赔偿。

Both Buyer and Seller agree to inspect the goods before shipment or on the shipping time at the place of the export country or the factory. The inspection is subject to the quality and weight quantity certificate issued by China Inspection Bureau of Import and Export, as the final accordance of delivery for both Buyer and Seller. The Buyer reserves no right to re‐inspect the quality, quantity and weight of the goods. In case the goods are found any faults, the Buyer has no right to lodge claims against the Seller.

☆Case：

我方某公司A与美国某公司B以CIF洛杉矶的条件出口一批服装。货到洛杉矶，B公司发现货物的质量有问题，但B仍将原货转船至加拿大。其后，B公司在合同规定的索赔期限内凭加拿大商检机构签发的检验证书，向A公司提出退货要求或打八折处理。

请问：A公司应如何处理？为什么？

（二）索赔

买卖双方在承担合同中的责任和义务的同时，也享有自己的权利，买卖中的一方当事人违约，给另一方造成经济损失，另一方就可以根据买卖合同赋予的权利要求违约方给予损害赔偿。

1. 违约

违约是指买卖双方之中，任何一方违反合同义务的行为。

《联合国国际货物销售合同公约》对违约有如下规定：

①根本性违约。一方当事人违反合同的结果，使另一方当事人蒙受损害，以致于实际上剥夺了他根据合同规定有权期待得到的东西。受损害的一方可以宣告合同无效，同时有权向违约方提出损害赔偿的要求。

②非根本性违约。如违约的情况尚未达到根本违反合同的程度，则受损害的一方只能要求损害赔偿而不能宣告合同无效。

违约的原因很多。主要有：当事人不履行合同义务或者履行合同不符合约定的；当事人一方明确表示或者以自己的行为表明不履行合同义务；当事人一方未支付价款或者报酬；质量不符合约定的等。例如：

①卖方责任：服装品质、规格与合同不符、货物数量短少、包装不善使服装遭受损失、没有按规定的时间交货等。
②买方责任：付款不及时或无理拒付货款、不按期接运货物等。
③承运人责任：货物在运输中发生短缺、破损、延迟交货等。

2. 索赔与理赔

索赔是指买卖合同的一方当事人因另一方当事人违约致使其遭受损失而向另一方当事人提出损害赔偿要求的行为。理赔是违约方对于索赔进行处理的行为。

①索赔期限。索赔期限是指受损害一方有权向违约方提出索赔的期限。按照法律和国际惯例，受损害一方只能在一定的索赔期限内提出索赔，否则即丧失索赔权；约定索赔期限：是指买卖双方在合同中明确规定的索赔期限；法定索赔期限：是指根据相关法律规定的索赔期限。

一般货物的索赔期限，在货物到达目的地后的 30~45 天。《公约》的索赔期限规定为自买方实际收到货物之日起两年内。

②索赔金额。如果合同规定有损害赔偿的金额或损害赔偿的计算方法，通常应按合同规定提出索赔；如果合同未作规定，根据有关法律和国际贸易实践，确定损害赔偿金额的原则是：

a. 赔偿金额应与因违约而遭受的包括利润在内的损失额相等。

b. 赔偿金额应以违约方在订阅合同时可预料到的合理损失为限。

c. 由于一方未采取合理措施使有可能减轻而未减轻的损失，应在赔偿金额中扣除。

③合同中的索赔条款

在货物买卖合同中，赔偿条款的方式通常有两种规定方法："异议和索赔"、"罚金条款"。

◆ 异议与索赔条款（Discrepancy and Claim Clause）

主要是针对卖方交货品质、数量和包装不符合合同规定的要求而订立，主要包括索赔依据、索赔期限，有的还规定索赔的处理办法。例如：

买方对于装运货物的任何异议，必须于装运货物的船只到达所订目的港后 30 天内提出，并提供经卖方同意的公证机构出具的检验报告。如果货物已经过加工，买方即丧失索赔权利。属于保险公司或轮船公司责任范围内的索赔，卖方不予受理。

进口货物索赔的检验机构是国家质量监督检验检疫总局。而对出口合同如果允许国外有复验权，应该在合同中规定"须以买卖双方同意的检验机构出具的检验报告作为索赔依据"。索赔必须按规定提供齐全、有效的证据并在规定的索赔期限内。逾期索赔，违约方可以不予受理。

◆ 罚金条款（Penalty Clause）

这种条款适用于卖方延期交货或买方延期接货。它的特点是预先在合同中规定罚金的百分率；一般使用于连续分批交货的大宗货物买卖合同和机械设备一类商品的合同。

例如：卖方不能如期交货，在卖方同意由付款行从议付的货款中扣除罚金或由买方于支付货款时直接扣除罚金的条件下,买方可同意延期交货。延期交货的罚金以 7 天为计算标准,每过期 7 天(不足 7 天按 7 天计算)罚货价的 0.5%,如卖方未按本合同规定的装运期交货,延期 10 周时,买方有权撤销合同,并要求卖方支付上述延期交货罚金。由于服装的时效性和季节性较强,所以在交货时间上要有严格的保证。

有关合同的罚金条款,各国的法律有不同的解释和规定。德国、法国等国家的法律承认罚金条款而予以保护,而英国、美国、澳大利亚等国家的法律对罚金条款则不予承认和保护,他们认为对于违约行为只能要求赔偿而不能惩罚,也就是受损失一方有权在经济上获得在签约时合理预见的利益。

我国《合同法》规定:当事人一方不履行约定,给对方造成损失的,损失赔偿额应相当于因违约所造成的损失,包括合同签订后可以获得的利益,但不得超过违反合同一方订立合同时预见到或者应当预见到的因违反合同困难造成的损失。

在进出口货物中,一般只订立"检验与索赔条款"或者"异议和索赔条款"。

【案情举例】我国 A 公司以 CIF 上海价向 B 公司购买一批服装面料。合同规定,若货物与合同不符,买方应在货到目的港后的 30 天内提出索赔。另外合同中还有货到目的港后 12 个月品质保证期的规定。2003 年 9 月 24 日货物到达目的港,买方 A 公司申请港口所在地商品检验机构对该货物进行商检后,发现货物存在品质问题,A 公司于 2003 年 10 月 25 日书面通知 B 公司,要求索赔。B 公司以 A 公司已超过了合同规定的 30 天索赔期为由拒绝赔偿,A 公司遂提起仲裁。请问:A 公司的索赔请求是否受法律保护?

【分析】A 公司的索赔请求应受法律保护。因为依据《联合国国际货物销售合同公约》的有关规定:对于有质量保证期限的商品,索赔方只要在保证期限内提出索赔请求,即使该请求的提出已超双方约定或法律规定的索赔期限,违约方应予以受理。本案中买方 A 公司虽已超过合同约定的 30 天索赔期限才提出索赔要求,但因该请求的提出仍在合同规定的 12 个月的货物品质期内,所以其索赔权仍受法律保护。

(三) 不可抗力

买卖双方的合同一经签订,交易双方必须严格按照合同的规定执行,任何一方出现违约,都要承担赔偿损失的责任。但是合同签订后不是因为买卖的任何一方的过失和疏漏,而是出现了当时买卖双方当事人所不能预见、无法预防、无法避免的意外事件,而且是不能避免和不能克服的事件,致使合同不能全部或者部分履行,违反合同的一方可以免除赔偿责任。

1. 不可抗力事件的含义

不可抗力事件是指当事人在订立合同时不能预见、对其发生和后果不能避免并不能克服的事件。遭受意外事故的一方,可以因此免除履行合同的责任或延期履行合同,并可以免除责任,对方不得对此要求损失赔偿。其构成条件是:

①事件是在有关合同成立以后发生的。

②不是由于任何一方当事人的故意或者过失所造成的。

③事件的发生及其造成的后果是当事人无法预见、无法控制、无法避免和不可克服的。

2. 不可抗力事件的原因

①自然力量：如水灾、火灾、冰灾、暴风雨、大雪、地震等。

②社会力量：战争、罢工、政府禁令等。

各国对原因的解释并非完全一致，如美国认为不可抗力事件只是由自然原因引起，不包括社会原因。

3. 不可抗力的法律后果

遭受事故的一方可以免除违约赔偿责任。不可抗力事件的法律后果有两种：

（1）变更合同

不可抗力事件部分地或暂时地阻碍了合同的履行，则发生事故的一方只能变更合同，包括替代履行、减少履行或延迟履行。

（2）解除合同

不可抗力事件的发生完全排除了继续履行合同的可能性，则可解除合同。

4. 不可抗力事件的通知和证明

不可抗力事件发生后，不能按规定履约的一方当事人要取得免责的权利，必须及时通知另一方，并提供必要的证明文件，而且在通知中应提出处理意见。在实践中，为防止争议，通常在不可抗力条款中明确规定具体的通知期限，不可抗力事件出具证明的机构。在我国一般由中国国际贸易促进委员会（即中国国际商会）出具；如由对方提供时，则大多由当地的商会或登记注册的公证行出具。对于出证机构，也应在合同中做出规定。一方接到对方关于不可抗力事件的通知或证明文件后，无论同意与否都应及时答复，否则，按有些国家的法律如《美国统一商法典》，将视作默认。

5. 不可抗力条款

由于不可抗力事故没有统一、确切的解释，所以在合同条款制订时，双方应协商规定不可抗力条款的范围，以此来确定其责任，但是应与市场价格的、货币汇率的升降、运输费用等正常商业风险区别开。

不可抗力条款的内容一般有：不可抗力的范围、不可抗力的后果、发生不可抗力事件通知对方的期限、出具证明文件的机构等。

不可抗力条款的规定方法主要有：

①概括式：即在合同中不具体规定不可抗力的范围，只是以笼统的语言做出概括的规定，例如：由于公认的不可抗力原因致使卖方不能交货或延迟交货，卖方在这种情况不负有责任。但卖方必须用电报或电传通知对方，并于若干天内以航空挂号信件向对方提供有关证明文件。但是由于上述规定比较笼统，解释伸缩性较大，买卖双方容易因事故范围的解释发生纠纷。

②列举式：在合同中明确列出双方认可的不可抗力的范围，例如：由于战争、地震、暴风雨、飓风、雪灾的原因而不能履行合同，致使卖方不能交货或延迟交货，卖方对于这种情况不负有责任。但卖方必须用电报或电传通知对方，并于若干天内以航空挂号信件向对方提供有关的证明文件。虽然这种方法规定较具体，但是不可抗力的原因很多，若发生规定范围以外的事件，合同中没有列明的事故就不能作为不可抗力事故对待。

③综合式：将概括式和列举式并用的方法，例如：由于战争、地震、暴风雨、飓风、雪灾的原因，加上"以及双方同意的其他不可抗力事件"而不能履行合同，致使卖方不能交货或延迟交货，卖方对于这种情况不负有责任。但卖方必须用电报或电传通知对方，并于若干天内以航空挂号信件向对方提供有关的证明文件。

这种方法的规定比较明确具体，而且也具有一定的可操作性，在实际业务中较常用。

【案情举例】我某进口企业按 FOB 条件向欧洲某厂商订购一批女式大衣。当我方派船前往西欧指定港口接货时，正值埃及与以色列发生战争，埃及被迫关闭苏伊士运河，我所派船只得绕道南非好望角航行，由于绕道而增加航程，致使船只延迟到达港口，欧洲厂商要求我方赔偿因接货船只迟到而造成的仓租和利息损失，我方拒绝了对方要求，因此引起争议。请问欧洲厂商的要求是否合理？为什么？

【分析】欧洲厂商的要求不合理。因为我方所派船只绕行迟到，是由于战争造成，这属于社会原因引起的不可抗力，是法定免责事项，对欧洲厂商提出的赔偿因接货船只迟到造成的仓租和利息损失的要求，我方可依法不予理睬。

☆Case：

某年我某公司与英国某公司成交棉花 50 公吨，交货期为当年 9 月底之前。签约后，我国发生水灾，于是我方以不可抗力为由，要求免除交货责任。但对方回电拒绝，并称棉花市场价格上涨，由于我方未交货已使其损失 1 万美元，要要求我方赔偿其损失。

请问：我方要求以不可抗力免除交货的理由是否充分？为什么？

（四）仲裁

在服装贸易中买卖双方为维护自己的利益，在合同执行当中发生纠纷是不可避免的，买卖双方在产生争议后，首先应该通过友好协商或者由第三者进行调解来解决争议，在经过友好协商无法解决时，可以采用提交仲裁机构仲裁的办法，或者诉讼即提交法院处理争议。

1. 仲裁的含义和特点

（1）仲裁的含义

仲裁（Arbitration）是指买卖双方根据争议发生前或之后达成的仲裁协议，自愿将有关争议交给双方所同意的仲裁机构进行裁决。

（2）仲裁的特点

①准司法机构，无强制管辖权。
②专业性强，积案少，程序简单，费用少。
③保密。
④裁决终局性。

仲裁机构是民间性组织，当事人可以自行选定，仲裁机构不受理没有仲裁协议的案件。仲裁必须有双方当事人的仲裁协议才能进行，是双方自愿提交的。仲裁协议的当事人在发生争议时，只能用仲裁方式解决，且不得向法院起诉，排除法院对有关争议案件的管辖权。

仲裁比诉讼的程序简单、费用较少、处理案件的时间较短，仲裁厅是由一些熟悉贸易业务知识的专家和知名人士组成。仲裁裁决是终局性的，败诉方不得上诉，必须执行裁决，败诉方拒不执行，胜诉方有权向法院要求强制执行，而且对双方贸易关系的发展影响较少。

2. 仲裁形式和机构

仲裁的形式分两种：

①临时仲裁：是指争议双方共同指定的仲裁员自行组织成临时仲裁庭所进行的仲裁。案件审理完毕，仲裁庭自动解散。

②机构仲裁：是指向一个双方当事人约定的常设仲裁机构提出申请，并按照这个仲裁机构的规则或双方选定的仲裁规则所进行的促裁。

我国常设的涉外商事仲裁机构是中国国际经济贸易仲裁委员会，隶属中国国际贸易促进委员会。仲裁委员会设在北京，分会设在深圳和上海。世界上著名的常设仲裁机构有瑞典斯德哥尔摩仲裁院、瑞士苏黎世商会仲裁院、英国伦敦国际仲裁院、美国仲裁协会、日本国际商事仲裁协会、香港国际仲裁中心以及设在巴黎的国际商会仲裁院。

3. 仲裁程序与费用

（1）仲裁程序

仲裁程序是根据仲裁协议的规定提交仲裁机构进行裁决的程序，在我国遵循的仲裁程序规则是《中国国际经济贸易仲裁委员会仲裁规则》，仲裁程序一般包括仲裁申请、组成仲裁庭、仲裁审理、仲裁裁决等。

①仲裁申请：争议发生后，仲裁申请人需向仲裁机构提交仲裁申请、仲裁协议以及申请人请求依据的事实和证明文件，仲裁机构经审核认为手续完备，即受理立案。

②组成仲裁庭：仲裁庭一般由三个仲裁员组成，其中设首席仲裁员一名。

③仲裁审理：仲裁审理包括开庭、调解、搜集证据和保权措施（即对当事人的财产采用扣押等临时措施）等内容。

④仲裁裁决：仲裁庭在对案件进行审理后作出的处理。裁决作出后，审理即告结束。

（2）仲裁费用

仲裁费用一般规定由败诉的一方负担，但也有由仲裁庭酌情决定的。

4. 合同中的仲裁条款

（1）规定在我国仲裁的条款

凡因执行本合同所产生的或与本合同有关的一切争议，双方应通过友好协商解决；如果协商不能解决，应提交中国国际贸易促进委员会中国国际经济贸易仲裁委员会，根据该地的仲裁程序规定进行仲裁。仲裁裁决是终局的，对双方都有约束力。

（2）规定在被诉方所在国的仲裁条款

凡因执行本合同所发生或与本合同有关的一切争议双方应通过友好协商解决；如果协商不能解决，应提交在被诉方所在国进行。如在中国，由北京中国国际贸易促进委员会中国国际经济贸易仲裁委员会，根据该地的仲裁程序规定进行仲裁。如在×××，由×××（对方所在国或地区仲裁机构的名称）根据该仲裁机构的仲裁规则进行仲裁。仲裁裁决是终局的，对双方都有约束力。

（3）在第三国仲裁的条款

凡因执行本合同所产生的或与本合同有关的一切争议，双方应通过友好协商解决；如果协商不能解决，就提交×××（第三国某地和仲裁机构的名称）根据该仲裁机构的仲裁规则进行仲裁。仲裁裁决是终局的，对双方都有约束力。

5. 仲裁条款举例

【例】一切因执行本合同引起的争议均应由双方友好协商解决。如协商不能解决，则应提交仲裁，仲裁应在被告国进行。如仲裁在中国，应提交上海中国国际贸易促进委员会对外贸易仲裁委员会，按照其仲裁规则进行仲裁。如仲裁在美国，应提交纽约对外贸易仲裁委员会，按照其仲裁规则进行仲裁，该仲裁委员会的裁决为终局性的，对双方均有约束力，仲裁费用，除非仲裁委员会另有裁定，概由败诉方承担。

All disputes arising from the performance of this Contract should be settled through friendly negotiation. Should no settlement be reached through negotiation, the case shall be submitted for arbitration in the country where the defendant resides. If the arbitration takes place in China, the case shall be submitted to the Foreign Trade Arbitration Commission of the China Council for the Promotion of International Trade, Shanghai and the arbitration rules of this Commission shall be applied. If the arbitration takes place in USA, the case shall be submitted to the Foreign Trade Arbitration Commission, New York and the arbitration rules of this arbitration organization shall be applied. The award of the arbitration shall be final and binding upon both parties. The arbitration fee shall be borne by the losing party unless otherwise awarded by the arbitration organization.

【案情举例】我国A公司与美国B公司就服装合同发生纠纷，我国A公司向中国国际经济贸易仲裁委员会提出仲裁申请，而美国B公司却将合同争议提交其公司所在地的法院审理。经查，双方在合同中没有订立仲裁条款，事后也没有达成仲裁协议。

请问：在中国国际经济贸易仲裁委员会和美国B公司所在地的法院中，哪一个对本案拥有管辖权？

【分析】仲裁机构只有在有仲裁协议的情况下，才对案件享有管辖权，因此，中国国际经济贸易仲裁委员会在本案中没有管辖权，只有美国 B 公司所在地的法院有权受理。

五、操作示范

公司业务员陈明从卖方角度草拟的合同条款如下：

1. 检验条款：双方同意在装运前由我国 CIQ 进行检验，以 CIQ 签发的质量合格证书作为买卖双方最后交货的依据。

Inspection：Both buyer and seller agree to inspect the goods before shipment. The inspection is subject to the quality certificate issued by China Inspection and Quarantine Bureau, as the final delivery for both buyer and seller.

2. 索赔条款：买方对货物的任何异议必须于装运货物的船只到达提单指定目的港 30 天内提出，并须提供经卖方同意的公证机构出具的检验报告。

Claims：Any claim by the Buyer regarding the goods shall be filed within thirty days after the arrival of the goods at the port of destination specified in the relative B/L and supported by a survey report issued by a survey or approved by the Seller.

3. 不可抗力条款：如果遭遇无法控制的时间或情况应视为不可抗力，但不限于火灾、风灾、水灾、地震、爆炸、叛乱、传染、检疫、隔离。如要是不可抗力一方不能履行合同规定下义务，另一方应将履行合同的时间延长，所延长的时间应与不可抗力事件的时间相等。

Force Majeure：Any event or circumstance beyond control shall be regarded as Force Majeure but not restricted to fire, wind, flood, earthquake, explosion, rebellion, epidemic, quarantine and segregation. In case either party that encounters Force Majeure fails to fulfill the obligation under the contract, the other party should extend the performance time by period equal to the time that Fore Majeure will last.

六、跟学训练

1. 宁波海之伦服饰有限公司与俄罗斯 Jem 公司就检验条款达成如下意见：双方同意以宁波冰恋璐公司出具的质量和数量/重量检验证书作为有关信用证项下付款的单据之一。货到莫斯科港卸货后 60 天内经复验，如发现质量或数量/重量与本合同不符时，除属保险公司或承运人负责退货或索赔，所有退货或索赔引起的一切费用（包括检验费）及损失，均由卖方负责。

在此情况下，如抽样是可行的，买方可应卖方要求，将有关货物的样品寄交卖方。

请就如上条款，用英文写出检验条款。

2. 我方向西欧某国出口布匹一批，货到目的港后，买方因购销旺季，未对货物进行检验就将布匹投入批量生产。数月后，买方寄来几套不同款式的服装，声称用我方出口的布匹制成的服装缩水严重，难以投入市场销售，因而向我方提出索赔。问：我方应否同意对方的要求，为什么？

3. 2010年11月，我某公司与香港一公司签订了一个进口香烟生产线合同。设备是二手货，共18条生产线，由A国某公司出售，价值100多万美元。合同规定，出售商保证设备在拆卸之前均在正常运转，否则更换或退货。设备运抵目的地后发现，这些设备在拆运前早已停止使用，在目的地装配后也因设备损坏、缺件根本无法马上投产使用。但是，由于合同规定如要索赔需商检部门在"货到现场后14天内"出证，而实际上货物运抵工厂并进行装配就已经超过14天，无法在这个期限内向外索赔。这样，工厂只能依靠自己的力量进行加工维修。经过半年多时间，花了大量人力物力，也只开出了4套生产线。

试就这一案例做出分析。

七、课外拓展

1. 了解你所在地区都有哪些商检机构。
2. 调查一下出口服装的检验类型和流程。
3. 不可抗力一般都包括哪些内容？
4. 我方以CIF价格出售一批毛制西服到欧洲。合同规定："买方凭卖方提供的装运单据支付现金"，"货物在出口国检验，到进口国目的港后允许买方复验"。但是，当卖方向买方提供单据要求其付款时，买方坚持要在货物检验后才付款。试问：在上述条件下，买方的要求是否合理？为什么？
5. 我国南方某服装公司与美国某公司成交20000件西服，交货期在5月15日之前。签订合同后，工厂所在地区发生洪水灾害，我方及时将情况通知美方，要求延期交货，但对方以服装已经转售给下家为由，要求我方赔偿因延期而造成的损失，我方表示不能接受，由此引起争议。你作为我方代表将如何处理这个问题？
6. 某服装公司向美国出口服装，并在合同中约定双方在争议时，如果经过协商不能解决，则将争议提交中国国际经济贸易仲裁委员会在北京进行仲裁。事后双方在服装的品质上引起争议，买方在当地法院提起上诉，我方将如何处理？

学习情境七：服装出口合同的签订

一、学习目标

1. 能力目标
（1）能进行磋商各个环节的操作
（2）能正确理解和把握实盘、虚盘之间、还盘、接受之间的区别和联系
（3）能正确理解和运用《联合国销售合同公约》的有关规定
（4）能与外商正确签订合同

2. 知识目标
（1）了解交易磋商的各个环节
（2）熟悉发盘、接受的条件
（3）掌握合同的形式、内容

二、工作情景

宁波威联进出口贸易有限公司（NINGBO WEILIAN IMPORT AND EXPORT TRADING CO., LTD.）业务员陈明，在对价格进行核算后，又对合同的主要条款进行了草拟，打算找美国的 DEX 公司进行磋商。

三、任务描述

工作任务一：拟写发盘函
工作任务二：合同签订

要求：根据上述背景资料，请你以公司业务员陈明身份给美国的 DEX 公司发盘，得到对方的认可，并以陈明身份签订最终销售合同。

四、知识准备

服装贸易合同的磋商是指从事服装进出口的企业为购买或出售服装与国外客户就各项交易条件进行洽商，以期达成协议的过程。交易磋商是以签订合同为目的的，一旦双方对各项交易条件协商一致，买卖合同即告成立。交易磋商的过程也就是合同成立的过程；磋商是合同的依据，合同是磋商的结果。交易磋商决定交易的成败和合同质量的高低，它直接关系到外贸企业的经济利益。因此，在实际工作中，有关业务人员必须认真对待。

（一）服装贸易合同的磋商

交易磋商的主要内容就是合同条款，不仅包括品质、数量等合同的主要条款，而且有时还包括商检、索赔、仲裁等一般交易条件。服装贸易合同的磋商是一项充满灵活性的工作，没有固定的模式，但从基本程序看，交易磋商一般包括询盘、发盘、还盘、接受四个环节，其中发盘和接受是每笔交易必不可少的两个基本环节，是达成交易和合同成立的决定性环节和必经法律步骤。因此，可以说买卖合同是经发盘和接受确立的。

在国际货物贸易实践中，为了保证交易磋商的顺利进行，必须选配"业务强、外语精、法律懂、金融通"的精明强干的服装出口人员作为洽谈人员，在磋商前要注意目标市场和交易对象的选择，制定有利于经营意图的贯彻与实施的服装出口经营方案。同时，为了能在谈判中占据优势，在口头谈判之前应结合客户的特点，设定几种在谈判中可能出现的情况，并在谈判方案中针对这几种情况制定出解决的措施，这样就可以保证谈判的顺利进行，并可以通过谈判为自己争取更多的利益。

1. 询盘

（1）询盘的含义

询盘（Enquiry）是指交易的一方打算购买或出售某种商品，向对方询问买卖该项商品的有关条件，或者就该项交易提出带有保留条件的建议。在实际业务中，询盘通常由买方向卖方发出，一般被称为"邀请发盘"；它也可以由卖方发出，习惯上将其称为"邀请递盘"。询盘的内容以对价格的询问为主，所以询盘又称作询价，但有时也会涉及商品的规格、品质、数量、包装、交货期，以及索取样品、商品目录等。询盘往往是交易的起点，但并不是交易磋商的必经阶段。

询盘可采用口头的方式也可采用书面的方式。书面方式有书信、电报、传真、询价单。电报、传真询盘由于传递速度快，在业务中采用较多。

（2）询盘的类型

根据不同的标准，询盘可分为不同的类型。根据采用方式不同，可将询盘分为口头询盘和书面询盘两种形式。口头询盘一般是通过在交易会上当事人面对面地磋商或通过电话磋商进行的，书面询盘一般是通过寄发书信、电报、电传或通过互联网寄发 E-mail 进行的。在实际业务中，当事人除以口头或书面形式向对方做出探询交易条件和交易意图的意思表示外，往往还会采用寄送报价单、询价单、商品目录、价目表等方式，这些方式也属于书面形式。我国《合同法》明确规定：寄送的价目表，拍卖公告，招标公告、招股说明书、商业广告等为要约邀请。

根据发出人不同可将询盘分为买方询盘和卖方询盘两种形式。买方询盘是指买方要求卖方提供其出口商品的情况。例如，国外某公司来电：Please Offer Northeast Soybean Lowest Price FOB Dalian.（请报中国东北大豆 FOB 大连的最低价）。卖方询盘是指卖方要求买方先递盘。例如：中国某公司对其外国客户发电：Can Supply Northeast Soybean,

Please Bid. （可供中国东北大豆，请递盘）。

（3）询盘的法律效力

询盘人发出询盘的目的有时只是为了了解市场行情，有时则是为了表达与对方成交的愿望，希望对方能及时发盘。询盘中涉及的交易条件往往不够明确或带有某些保留条件，因此它对询盘人和被询盘人都没有法律上的约束力。如果被询盘人愿意与询盘人成交，还需同对方进行进一步的磋商。不过，虽然询盘对询盘人没有约束，但也要慎重，不要乱发询盘，特别是在进口业务中，以免引起不良后果。因为乱发询盘，很可能引来大量发盘，而买方又不能全买，这样会影响双方的合作。同时也容易把自己的意图泄露出去，形成高价发盘。

此外，询价虽然对双方均无约束力，但双方在询价的基础上经过多次洽商，最终达成交易，如履约时发生争议，那么原询价的内容也成为洽商成交文件不可分割的部分，同样可作为处理争议的依据。但是，目前较多企业存在使用传真进行磋商的情况，由于传真件时间长了就会褪色，无法长期保存且容易作伪，所以传真是否可以作为有效书面文件，各国法律目前没有明确规定。因此，如通过传真形式进行磋商，当事人应以信函补寄正本文件或另行签订合同书，以避免影响磋商的效果。

【例】法国某买主 2010 年 8 月 6 日向我外贸公司发来询盘。

2010 年 8 月 6 日来电：

拟订购涤 65%，棉 35% 男衬衫 6000 件，请电告最低价格及最快交货期。

Booking polyester 65% cotton 35% men's shirt 6000 pieces, please cable lowest price and earliest delivery.

又如，我外贸公司向国外某买主发出询盘：

可供涤 65%，棉 35% 男衬衫 9 月装，如有兴趣请电告。

Can supply polyester 65% cotton 35% men's shirt September shipment cable if interested.

询盘时一般不直接用询盘的术语，而通用下列词句："请告"（please advise）、"请电告"（please cable advise）、"对……有兴趣，请"（interest in...please）、"请报价"（please quote）、"请发盘"（please offer）等。

2. 发盘

（1）发盘的含义

发盘（Offer）又称发价、报盘或报价，是指交易一方（发盘人）向对方（受盘人）提出交易条件，并愿意按此条件达成交易、签订合同买卖某种商品的一种表示。

发盘可以是应对方的邀请发盘做出的答复，也可以是在没有邀请的情况下直接发出。在实际业务中，发盘多由卖方发出，这种发盘称为售货发盘（Selling Offer）也可以由买方发出，称为购货发盘（Buying Offer）或递盘（Bid）。

发盘在合同法中称为要约，具有法律效力。因而，它既是一项商业行为，又是一种法律行为。在发盘有效期内，发盘人不能任意撤销或修改其内容。如果受盘人在有效期内对该发盘表示无条件的接受，发盘人就必须按发盘条件与其成交，签订合同，否则即为违约，要承担相应的法律责任。需要指出的是：无论是买方发盘还是卖方发盘，其法律后果都一样，即发盘一经对方无条件接受，就算达成交易，买卖合同即告成立。

发盘可以口头进行，也可以以书面进行。

(2) 发盘的类型

根据不同的标准，发盘可以分为不同的类型。根据采用方式不同，发盘可分为口头发盘和书面发盘两种形式，二者均具有法律效力。根据发盘人不同可分为卖方发盘和买方发盘。在国际货物贸易实践中，发盘多由卖方发出，通常称之为卖方发盘（Selling Offer）。

在卖方市场情况下，也有买方限发盘的情况。买方发盘称之为购货发盘（Buying Offer）或递盘（BID）。

(3) 构成发盘的条件

根据《公约》第14条第一款解释："向一个或一个以上特定的人提出订立合同的建议，如果十分确定，并且表明发盘人在得到接受时承受约束的意旨，即构成发盘。"据此，一项有效的发盘应具备以下几个条件：

①发盘必须向一个或一个以上的特定的人提出。在发盘中必须指定一个或多个可以对发盘表示接受的人，也就是说，受盘人必须确定。如果发盘中没有指定受盘人，它便不能构成有法律约束力的发盘，而只能被看做邀请发盘，比如，向国外客户广为散发的商品目录、价格表等。

②发盘的内容必须十分确定。对于什么是"十分确定"，不同国家有不同的解释。《公约》的解释是在发盘中明确货物，规定数量和价格。在规定数量和价格的时候，可以明示，也可以暗示，还可以只规定确定数量和价格的方法。但在我国的贸易业务中，一般要求交易条件是完整的，也就是要求在发盘中列明商品名称、品质或规格、数量、包装、价格、交货、支付等主要条件。应该说，后者相对于前者的风险更小，更容易避免纠纷，有助于交易的顺利进行。当然，如果交易双方已就"一般交易条件"达成协议，或已在长期的贸易往来中形成了某种习惯做法，或由于在发盘中援引了过去的函电或过去的合同，那么发盘中的一些交易条件也可以省略，此时它仍然是一项完整的发盘。

发盘中交易条件的表述不能含糊不清，不能用诸如"大概"、"大约"、"仅供参考"之类的词句。而且发盘必须始终局性的，不得附加任何保留及限制条件，如"以我方最终确认为准"。

③发盘人必须表明发盘人愿意按照发盘中的各项条件同对方签订合同的意思，即发盘人在发盘时向对方表示，在得到有效接受时双方即可按发盘的内容订立合同。发盘人在发盘中是否有这种意思表示，不必一定要求发盘中有"实盘"之类的字样，更重要的是取决于发盘的整个内容是否确定。如果受盘人对此不能确定，则应向发盘人提出，不能任意猜测。

④发盘必须送达受盘人。按照《公约》第 15 条的解释:"发盘于送达受盘人时生效。"也就是说,发盘虽已发出,但在到达受盘人之前并不产生对发盘人的约束力,受盘人也只有在接到发盘后,才可考虑接受与否的问题,在此之前,即使受盘人已经通过其他途径知道了发盘的内容,也不能主动对该发盘表示接受。

明确发盘的生效时间,具有重要的法律意义和实践意义。首先,发盘的生效时间关系到受盘人能否表示接受。一项发盘只有送达受盘人时,即发盘生效之后,受盘人才能表示接受;其次,发盘的生效时间关系到发盘人何时可以撤回发盘或修改其内容。各国法律对要约生效问题的规定与《联合国国际货物销售合同公约》相同,即发盘在未送达受盘人之前不生效。

一般情况下,若买卖双方的一方提出建议,另一方表示同意,则双方的买卖关系就成立了。但这种同意的意思表示必须是针对发盘作出的,即必须以知道发盘的内容为前提,若发盘尚未到达,即使作出的意思与发盘内容完全一致,也不能意味着双方的合同关系成立。这种现象我们称之为"交叉发盘"(Cross-offer)。交叉发盘仅有发盘而无接受,因此双方之间的合同不成立。但如果发盘送达受盘人之后,在发盘的有效期内被受盘人有效接受,则双方的合同即告成立。

我国《合同法》对要求的有效条件的规定是:①内容具体确定;②表明经受要约人承诺,邀约人即受该意思表示约束。

【案情举例】中国 A 公司与 9 月 10 号向美国 B 公司发盘:"可供真丝男短袖 8000 件,CIF 洛杉矶 15 美元",该发盘于 9 月 14 日送达 B 公司。9 月 13 日 A 公司收到 B 公司来电:"欲向你方购买 8000 件真丝男短袖,CIF 洛杉矶 15 美元。"问 A、B 公司的合同是否成立? 为什么?

【分析】A、B 公司的合同不成立。因为 A 公司向美国 B 公司发盘于 9 月 14 日送达 B 公司。这说明 B 公司是在 A 公司的发盘生效前向 A 公司发电表示"欲购买 8000 件真丝男短袖",这属于交叉发盘,因而 A、B 公司的合同不成立。

(4) 发盘的有效期

发盘中通常都规定有效期,作为发盘人受约束的期限和受盘人接受的有效时限。只有在有效期内,受盘人对发盘的接受才有效,发盘人才承担按发盘条件与受盘人成交的法律责任。

有效期可在发盘中进行明确的规定。在实际业务中常见的一种做法是在发盘中规定一个最后时限。这时,发盘人要说明该日期是受盘人发出接受通知的最后期限,还是接受通知送达发盘人的最后期限,以及该日期以何处时间为准。也可以在发盘中只规定一段有效期限,如"Offer valid within 3 days"(本发盘有效期 3 天)。此时,若发盘是以电报或信函方式发出的,有效期从电报拍发或信函寄出时起算;若该发盘是以电传形式发出,则有效期从发盘送达受盘人时起算。

另外应注意的是,规定有效期并非构成发盘的必要条件。如果发盘中没有明确有效期,受盘人应在合理时间内接受,否则无效。"合理时间"需视交易的具体情况而定,一般按照商品的特点和行业习惯或国际惯例处理。对于市场行情不稳定、价格变动幅度大的服装，有效期应短一些；反之则可长一些。

若发盘采用的是口头形式，则除非双方另有约定，受盘人必须立即表示接受才有效。

(5) 发盘的撤回和撤销

关于发盘的撤回，《公约》第 15 条第二款规定："一项发盘，即使是不可撤销的，也可以撤回，如果撤回的通知在发盘到达受盘人之前或同时到达受盘人。"也就是说，只要发盘还未生效，对发盘人就还未产生约束力，发盘是可以撤回的。所以发盘人要想撤回发盘，必须以更快的通信方式使撤回的通知赶在发盘到达受盘人之前到达受盘人，或起码与之同时到达。否则就不是撤回的问题，而是撤销了。

发盘的撤销与撤回不同，它是指发盘送达受盘人，即已生效后，发盘人再通知受盘人取消该发盘，解除自己在发盘项下所应承担的法律责任的行为。对于发盘生效后能否再撤销的问题，各国合同法的规定有较大分歧。英美等国采用的普通法认为，发盘在原则上对发盘人没有约束力。除了受盘人已经给予了发盘人一定的对价（或称"约因"）或者发盘人以签字蜡封的形式发盘的情况，在受盘人接受之前，发盘人可以随时撤销发盘或变更内容。《美国统一商法典》则对上述原则做了修改，承认在一定的条件下（发盘人是商人，以书面形式发盘，有效期不超过三个月）无对价的发盘亦不得撤销。大陆法中的德国法认为，发盘原则上对发盘人有约束力，除非他在发盘中已表明不受约束。法国虽然允许发盘人在有效期内撤销其发盘，但判例表明，其必须承担赔偿责任。

《联合国国际货物买卖合同公约》对这些不同的规定做了折中，其第 16 条的规定是：

①未订立合同之前，如果撤销的通知于受盘人发出接受通知之前送达受盘人，发盘可以撤销。

②但在下列情况下，发盘不得撤销：a. 发盘中写明了发盘的有效期或以其他方式表明发盘是不可撤销的；b. 受盘人有理由信赖该发盘是不可撤销的，而且已本着对该发盘的信赖行事。

我国法律承认《联合国国际货物买卖合同公约》的规定，认为发盘可以撤销和撤回。但在实际业务中，为了减少纠纷，维护我方发盘的严肃性和进、出口商的信誉，应尽量减少对发盘的撤销。

(6) 发盘的失效

《联合国国际货物买卖合同公约》第 17 条规定："一项发盘，即使是不可撤销的，于拒绝通知到达发盘人时终止。"就是说，若受盘人在对发盘表示拒绝后又表示接受，即使原发盘仍在有效期内，其效力也会随着受盘人的拒绝送达而丧失，发盘人将不再受其约束，除非他愿意对该项接受予以确认。除此以外，以下情况也可造成发盘的失效：

①受盘人做出还盘。还盘实际上也是对原发盘的拒绝，因而也会使发盘失效。

②发盘人依法撤销发盘。

③发盘中规定的有效期届满。若受盘人没有在发盘规定的有效期或一段合理的时间内做出接受，则该发盘自动失去效力。

④不可抗拒力。非当事人所能控制的意外事故造成发盘的失效，如政府禁令或限制措施、战争、罢工等。

⑤在发盘被接受前，当事人丧失行为能力、死亡或法人破产等。

发盘示例：

ABC TRADING CORPORATION

115 Hangzhou Road，Chaoyang District，Changchun，China

TEL：（0431 8656627） FAX：（0431 8678777）

TO：DEF INTERNATIONAL CO. （FAX：001 212 789 1678）
FM：ABC TRADING CORPORATION （FAX：0431 8678777）．
DATE：FEB 7，2011

Dear Mr. Villard Henry，

Re：Working Boots

We have received your fax of Feb 6，asking us to offer the working boots for shipment to America and appreciated very much your interest in our product.

Now we offer you at your request as follows：

1. Commodity：working boots Art No. JB601 size run：40－45

2. Packing：to be packed in a box，12 pairs to a carton.

3. Quantity：20000 pairs.

4. Price：U. S. Dollars twenty（USD20.00）per pair CIFC3％New York

5. Payment：by irrevocable sight L/C.

6. Shipment：From Dalian to New York in May，2001

Your L/C should be opened before March 15，2001 if our price meets with your approval.

Our offer remains effective until Feb 16，2001 our time.

We will send you our sample of JB601 working boots in two days upon receipt of it. Please advise us.

We look forward to your early reply.

Yours faithfully,

Huang Helong

Shoes Department

---

3. 还盘

（1）还盘的概念

还盘（Counter Offer）又称还价，是指受盘人不同意或不完全同意发盘人在发盘中提出的条件，为了进一步协商，对发盘提出修改或变更的意见。还盘实际上是对原发盘的拒绝，同时也是受盘人向原发盘人做出的一项新的发盘。还盘一旦做出，原发盘即失去效力，同时还盘一方与原发盘人在地位上发生变化，分别成为新的发盘人和受盘人。因而，与发盘一样，还盘也存在一个效力问题，这与发盘是一致的，只有具有约束力的还盘才能成为一项新的发盘。

还盘可以用口头方式或者其他方式表达出来，一般与发盘采用的方式相符。还盘可以是针对价格，也可以是针对品质、数量、交货的时间及地点、支付方式等重要条件提出修改意见。

这里值得注意的是，还盘人对原发盘所表示的异议应该是实质性的。换言之，还盘是对交易条件的实质性变更。如果受盘人的答复仅对一些非实质性的、细枝末节的内容作了添加或修改，"除发盘人在不过分延迟的期间内以口头或书面通知反对其间的差异外"（《公约》第19条第二款），将构成接受，而非还盘。

(2) 还盘的法律效力

还盘是对发盘中的条件进行添加、限制或其他更改的答复，属于新的发盘，对原发盘人无约束力，双方也不能据此成立合同。受盘人的答复，在实质上若变更了原发盘的条件，就构成对原发盘的拒绝不并构成还盘，原发盘失效。《联合国国际货物销售合同公约》规定：有关货物价格、付款、货物的质量和数量、交货地点和时间，一方当事人对另一方当事人的赔偿责任范围或解决争端等条件作了添加或修改，则构成实质上变更的内容。我国《合同法》对此也规定：有关合同标的、数量、质量、价款或者报酬、履行期限、履行地点和方式、违约责任和解决争议方法等的变更，是对要约内容的实质性变更。

(3) 还盘举例

DEF INTERNATIONAL TRADING CO.

G street, H. box 1234. California, U.S.A. Tel：(001 212 782 5345) Fax：(001 212 789 1678)

Mr. Huang Helong

ABC Trading Corporation

115 Hangzhou Road, Chaoyang District,

Changchun, China

Date：Feb 12, 2011

Dear Mr. Huang,

We have received your offer and your sample of working boots with thanks.

While appreciating the good quality of your boots, we find your price is rather too high for the market we wish to supply. We also point out that very excellent working boots are available in our market from several European manufacturers、All of them are at prices from 10%-15% below yours. Such being the case, we have to ask you to consider if you can make a 10% reduction in your price, our order would be around 25000 pairs. Your concession would be highly appreciated.

We are looking forward to your early reply.

Yours sincerely,

Villard Henry

如何草拟还盘，是检验外销员业务素质以及应对能力的重要方面。因此，外销人员收到对方还盘后，要认真思考、分析，拟写还盘函。首先确认对方来函，表示感谢；其次，不管最后是否接受对方条件，一般都会先坚持原发盘的合理性，同时给出各种适当的理由，如强调品质优秀、或认为报价符合市价、或指出原料价格上涨、人工成本提升、或言明利润降至最低点等；最后，提出我方条件，并催促对方行动。毫无说明地接受或拒绝都是不可取的。还盘内容关键是要有说服力，而且常常带有促销的性质，如以数量折扣吸引对方大批订购，以库存紧张激励对方早下订单等。即使拒绝还价、不做任何让步，也应向对方推荐一些价格低廉的替代品，以寻求新的商机。

【案情举例】中国某公司于 3 月 15 日向美国某公司发盘："现有纯棉男式半袖 T 恤 10000 件，每件 FOB 大连 9.8 美元，不可撤销信用证支付，2001 年 10 月可供货。"3 月 20 日，美商来电："接受你方报盘。交货期提前至 8 月底。"问美商来电属于什么性质，为什么？

【分析】美商来电属于还盘。因为美商的来电将交货提前至 8 月底，构成对中国公司于 3 月 15 日向美国公司发盘的实质性变更，所以属于还盘。

4. 接受

（1）接受的含义

所谓接受（Acceptance），是指交易的一方无条件地同意对方在发盘或还盘中所提出的交易条件，并以声明或行为表示愿意按照这些条件与之成交、签订合同。这在法律上叫承诺。接受如同发盘一样，既属商业行为，也属法律行为。发盘一经接受，合同即告成立，对买卖双方都产生了法律上的约束力。

（2）构成一项有效接受的条件

①接受必须由受盘人做出。这一条件是与构成发盘的第一个条件相呼应的。发盘必须向特定的人发出，即表示发盘人愿意按发盘中的条件与对方订立合同，但这并不意味他愿意按这些条件与任何人订立合同。因此，接受只能由受盘人做出，才具有效力。任何第三人对发盘的接受对发盘人都没有约束力，只能被看做对发盘人的一项新发盘。

☆Case：

A 在茶楼与朋友饮茶，他对朋友谈到，他有一批童装要出售，现货，共 5000 件，按每件 8 美元出售。B 在旁边听到了 A 的谈话。第 2 天，B 按上述条件向 A 表示愿意以 A 的条件购买这 5000 件童装。

请问：在上述情况下，A、B 之间的合同能否成立？为什么？

②接受的内容必须与发盘的内容相一致。接受是受盘人无条件同意发盘人所提出的内容的意思表示。如果受盘人在接受中将发盘的内容进行添加或更改，则此项接受就不是接

受而是一项新的发盘,是对原发盘的拒绝。但如果这种添加或更改并非实质性的,该回复仍能具有接受的效力。对此,《公约》第 19 条第二款规定:"对发盘表示接受但载有添加或更改内容的答复,应视为对发盘的拒绝,并构成新发盘;但如接受所载的内容实质上并没有变更该项发盘的条件,则除发盘人在不过分延迟的时期内提出反对外,仍可构成接受。"如果发盘人不提出异议,合同条件将包括接受中所载的更改内容。

根据《公约》的规定,有关货物的价格、付款、货物质量与数量、交货地点与时间、一方当事人对另一方当事人的赔偿责任范围或解决争端的添加或者不同条件,均视为在实质上变更了发盘的条件。除此以外,对发盘内容的变更,如要求提供某种单据、要求增加单据的份数、要求将货物分成两批装运等,均属非实质性变更。

☆Case:

我出口企业于 6 月 1 日用电传向英商发盘销售某商品,限 6 月 7 日复到。6 月 2 日收到英商发来电传称:"如价格减 5% 可接受。"我尚未对英商来电作出答复,由于该商品的国际市价剧涨,英商又于 6 月 3 日来电传表示:"无条件接受你 6 月 1 日发盘,请告合同号码。"请问:在此情况下,我方应如何处理?为什么?

③接受必须采取明示的方式。接受必须由特定的受盘人表示出来,缄默或不采取任何行动不能构成接受(《公约》第 19 条第二款)。表示方式一般应采用与发盘相同的传递方式,但如果接受人采用的方式比发盘人所规定采用的方式更为快捷,也视为有效。它可以是口头声明,也可以是书面声明;在发盘中有规定或者交易双方已形成某种习惯做法时,也可以通过某些行为来表示,如买方立即开来信用证的行为或卖方立即发货的行为。

④接受必须在发盘的有效期内做出并送达发盘人。发盘中通常都规定有有效期,受盘人只有在有效期内做出的接受,才有法律效力。如发盘中未规定有效期则应在合理的时间内做出接受方为有效。但在国际贸易中,由于各种原因,经常会出现受盘人的接受通知晚于发盘人规定的有效期送达的情况,这在法律上称为"迟到的接受"。对于这种接受,发盘人不受其约束,不具法律效力。但在以下两种情况下,该逾期接受仍有效力(《公约》第 21 条:①如果发盘人毫不延迟地用口头或声明形式将表示同意的意思通知受盘人;②如果载有逾期接受的信件或其他书面文件表明,它在传递正常的情况下是能够及时送达发盘人的,那么这项逾期接受仍具接受的效力,除非发盘人毫不延迟地用口头或书面方式通知受盘人,他认为发盘已经失效。)可见,《公约》一方面主张逾期的接受没有效力,另一方面又承认这种接受能否产生效力应取决于发盘人。

（3）接受的生效和撤回

关于接受在什么情况下生效，各个国家的不同法律体系存在明显的分歧。英美法系实行"投邮生效"的原则，这是指在采用信件、电报等通信方式表示接受时，只要发出的时间是在有效期内，接受的函电一经发出立即生效，即使函电在邮途中延误或遗失，也不影响合同的成立。在大陆法中，以德国法为代表采用的是"到达生效"原则，即表示接受的函电须在规定的时间内送达发盘人，接受方能生效。因此，函电如果在邮递途中发生延误或遗失，合同不能成立。《公约》采用的是到达生效的原则。《公约》第18条中明确规定："接受发盘于表示同意的通知到达发盘人时生效。"这是针对书面形式的接受的规定。如果双方以口头方式磋商，《公约》规定："对口头发盘必须立即接受，但情况有别时不在此限。"这里所说的"情况有别"指的是发盘中有特殊的规定或双方另有约定。如果受盘人以行为表示接受，那么这种接受何时生效呢？《公约》第18条第三款规定："（受盘人）无须向发盘人发出通知，接受于该项行为做出时生效，但该项行为必须在上一款所规定的期间内做出。"

《公约》第22条规定："接受可以撤回，如果撤回通知于接受原应生效之前或同时送达发盘人。"也就是说，接受与发盘一样，在发出后可以撤回，但必须是在其生效前。如果接受生效，合同即告成立，受盘人则不能撤回其接受。但在英美法系中，由于对接受的效力采用"投邮生效"原则，接受一经投邮就已生效，合同即告成立，因而不存在撤回的问题；大陆法的规定则与《公约》一致，受盘人在做出接受后，原则上是可以撤回的，只要撤回的通知先于或同时与接受的通知到达发盘人。在实际业务中，我们应注意各国法律规定上的这种差别，以免产生误解或争议。

【案情举例】我国某外贸公司与一美商洽谈一笔交易。我方2010年6月7日的电报发盘中规定6月12日复到有效。该电报发盘于6月9日到达美方。对方于6月10日以电报表示接受。我方于6月14日才收到该项复电。业务员因其为逾期接受，未予理睬，将货又售予另外一客户。日后美商坚持合同已成立，要我方发货。请问美商的要求是否合理？为什么？

【分析】美商的要求是合理的。因为根据情况表明对方的电报接受是因为邮寄原因而逾期，且我方在收到该电文时并未及时向对方表示逾期已失效，所以应为有效的接受，双方的合同成立，我方应依约履行。所以美商的要求是合理的。

（4）对综合盘和复合盘的接受

综合盘又称联合发盘或一揽子发盘，是指将两个或两个以上的发盘搭配在一起，作为一个发盘对外发出。对于这种发盘，受盘人只能全部接受或全部拒绝，不能只接受其中之一，否则即构成还盘。

复合盘是发盘人向受盘人同时发出两个或两个以上彼此独立的发盘，受盘人可选择其愿意接受的一部分发盘表示接受。

接受示例：

ABC TRADING CORPORATION

115 Hangzhou Road，Chaoyang District，Changchun，China

TEL：（0431 8656627）　　FAX：（0431 8678777）

TO：DEF INTERNATIONAL TRADING CO.　　（FAX：001 212 789 1678）

FM：ABC TRADING CORPORATION　　　　（FAX：0431 8678777）

DATE：FEB 14，2011

Dear Mr. Villard Henry，

Re：Working Boots

Thank you for your fax of today.

After due consideration，we decide to accept your price．Now we confirm supplying the working boots on the following terms and conditions：

1. Commodity：working boots Art No. JB601

2. Packing：to be packed in a box，12 pairs to a carton，size run：40－45

3. Quantity：50000pairs.

4. Price：USD19．00 per pair CIFC3％New York Incoterms®2010

5. Payment：by irrevocable sight L/C.

6. Shipment：From Dalian to New York in May，2011．

We will send you our sales confirmation for your signature.

Thank you for your cooperation.

Yours faithfully，

Huang Helong

Shoes Department

（二）服装贸易合同的签订

合同可以采用书面形式、口头形式和其他形式。《公约》第 11 条规定："销售合同无须以书面订立或书面证明，在形式上也不受任何其他条件的限制。销售合同可以用包括证人在内的任何方法证明。"口头合同是指通过口头协商达成的协议，在实际业务中较少采用。在实际业务中，买卖双方达成协议后，通常都要制作书面合同将各自的权利和义务用书面的形式加以明确。

1. 签订书面合同的意义

在服装贸易中，订立书面合同具有重要的意义：

（1）书面合同是合同成立的证据

对以口头协商达成的协议，书面合同的作用和意义尤为明显。依照法律要求，凡是合同必须提供证据，以证明合同关系的存在。双方当事人一旦发生分歧，提交仲裁或诉讼，仲裁员或法官首先要求当事人提供证据，以确认合同关系的存在。如仅是口头协议，往往是"空口无凭"，不能提供充足证据，很难得到法律的保护。因此，尽管有些国家的合同法并不否认口头合同的效力，但在国际贸易中，一般多要求签订书面合同，以作为合同成立的证据。

（2）书面合同是履行合同的依据

实际业务中，双方一般都要求将各自的权利义务用文字规定下来，以作为履行合同的依据。

（3）书面合同有时也是合同生效的条件

一般情况下，合同的生效是以接受生效为条件的，只要接受生效，合同就成立。这是多数国家合同法的规定。《公约》第 23 条也规定："合同于按照本公约规定对发价的接受生效时订立。"但在特定的环境下，签订书面合同却成为合同生效的条件。例如，中国《合同法》第 10 条规定："法律、行政法规规定采用书面形式的，应当采用书面形式。当事人约定采用书面形式的，应当采用书面形式。"

2. 书面合同的形式

关于书面合同的形式，法律并没有非常明确的规定。《公约》仅在第 13 条规定："为本公约的目的，'书面'包括电报和电传。"我国《合同法》第 11 条规定："书面形式是指合同书、信件和数据交换（包括电报、电传、传真、电子数据交换和电子邮件）等可以有形地表现所载内容的形式。"在实际的国际贸易业务中，书面合同可采用正式的合同（Contract）、确认书（Confirmation）、协议（Agreement）、备忘录（Memorandum）等多种形式。

在服装的进出口业务中，书面合同可大体分为正式合同和简式合同两种。正式合同条款比较完备，内容比较全面，除商品的名称、规格、单价、装运港和目的港、交货期、支付方式、检验条款等内容外，还有索赔、仲裁、不可抗力等内容。进口合同或购买合同以及出口合同或销售合同都属于正式合同。简式合同的内容和条款则比较简单，通常只用于金额不大、批数较多或者已订有代理、包销等长期协议的服装贸易。销售或购买确认书都属此类合同。

3. 书面合同的内容（书面合同样本见附件一）

一份正式的进出口合同，内容应全面、完整、具体和准确，一般由以下几部分组成：

①合同的名称和编号。合同名称必须正确体现合同的内容。合同的编号应按规定，分别用英文字母、阿拉伯数字为代号编制。

②合同的前文。又称约首，是合同的序言部分，包括订约日期、当事人姓名及法定地址、签约地址、签约缘由等。

③合同的核心条款。包括品名、品质、数量、价格、包装、支付、交货、保险以及检验条款等。

④通用条款。如不可抗力、索赔、仲裁条款等。

⑤特别条款。如许可证条款、税收条款及汇率条款等。

⑥结尾部分。包括合同的有效期，使用文字的效力及合同份数，买卖双方当事人签字等。

合同要产生法律效力，还要具备其他一些法律所规定的条件，否则不受法律保护。关于合同生效的条件，各国的法律规定不尽相同。但综合来看，主要要求具备以下几个条件：当事人必须在自愿和真实的基础上达成协议；当事人必须有订立合同的行为能力；合同必须有对价和合法的约因；合同的标的和内容必须合法；合同的形式必须符合法律规定的要求。

4. 合同成立的时间与条件

（1）合同成立的时间

①通常情况下，合同在接受生效时成立。对于一般的书面合同来说，表示接受的信件、电报、电传或 E-mail 生效时，该合同即告成立。《联合国国际货物销售合同公约》规定：合同于按照本公约规定对发价的接受生效时成立。我国《合同法》也明确规定：承诺生效时合同成立。根据这一原则，依英美法订立的合同于接受发出时成立，依大陆、中国法或《联合国国际货物销售合同公约》订立的合同于接受到达发盘人时成立。

②以双方当事人签字或盖章的时间作为合同成立的时间。一般适用于双方当事人采用合同书订立合同的情况。在贸易实践中，合同书往往由一方当事人制作，但合同书的内容是由双方当事人经过反复磋商拟定的，是当事人意思表示一致的体现。只有当事人都在合同书上签字或盖章，才能表明当事人同意合同书上记载的内容。合同成立是当事人对合同的标的、数量等内容协商一致的结果。因此，当事人在合同上签字或盖章的时间才是当事人对自己的发盘或接受加以确认的时间，才是合同成立的时间。我国《合同法》还规定：采用合同书形式订立合同，在签字或者盖章之前，当事人一方已经履行主要义务，且对方接受的，该合同成立。

③以签订确认书的时间作为合同成立的时间。主要适用于当事人采用信件、数据电文（包括电报、电传、传真、电子数据交换和电子邮件）等形式订立合同且有一方当事人要求签订确认书的情况。通过信件、数据电文形式订立合同是我国对外贸易实践中采用的成交方式，在这种情况下，当事人之间的权利义务内容有可能记录在不同的多个载体上，为了使合同的权利义务更明确，合同履行更方便，在发生纠纷时举证更容易，一方可能要求签订确认书，确认书在这里被视为是一方当事人对合同内容的进一步确认，对发盘的最终明确的接受。只有签订了确认书，合同才能成立。因此，在这种情况下，签订确认书的时间是合同成立的时间。

④以合同被批准的时间作为合同成立的时间。一般情况下，一份合同经受盘、接受双方当事人订立书面合同并签字之后该合同即为成立。但是依据法律，有些合同还必须经有关部门的批准方为有效。如我国法律规定：技术引进或输出合同、补偿贸易合

同、来料加工合同、来件装配合同等除书面协议外，还须经国家主管部门批准。在这种情况下，此类合同成立的时间以被批准的时间为准，在未被有关部门批准之前，该合同不成立。

⑤以完成其他特定形式的时间作为合同成立的时间。有时，有些合同依有关国家法律或由双方当事人约定，需要履行诸如公证等有特殊形式方为有效，则只有在完成了这些特定形式的时候，该合同才能有效成立。

⑥以行为做出时作为合同成立的时间。有些法律承认包括口头在内的任何形式均为合同成立的有效形式，在这种情况下，则应以行为做出的时间作为合同成立的时间。《联合国国际货物销售合同公约》规定：以行为表示接受的，自行为做出时合同成立。

以上是有关合同成立时间在法律规定中几种情况。在贸易实践中我们的一般做法是：发盘一经接受，即认为合同已经成立，买卖双方均受其约束；但在签订书面合同的情况下，于双方在合同上签字时间合同成立；一方要求签订确认书的，在签订确认书时合同成立。

(2) 合同成立的有效条件

根据各国法律的规定，合同必须具备一定条件才能有效成立。概括起来，合同成立的有效条件主要包括以下几项：

①合同必须经发盘和接受才能成立。发盘和接受是交易磋商的两个必须程序。只有经过充分的磋商，才能真实地体现出双方当事人的意图，才能在意思表示一致的基础上成立合同。没有发盘，接受就不成其为接受；没有接受，发盘就没有了效力，合同也就不能成立，所以发盘和接受是成立合同的必经途径，也是合同成立的前提。

②当事人必须有订立合同的能力。行为人必须有缔约能力才能成为合同的合格当事人。在贸易实践中，当事人包括自然人和法人。这里的自然人应是能依法律享有权利和承担义务、理智正常的成年人；法人则要受其成立宗旨和业务范围的约束。当事人的缔约能力一般依据其国籍所属国的法律规定来确定。依我国有关法律，在目前，只有经国家批准享有对外经营权的法人才有资格签订国际贸易合同，而我国的公民（自然人）除可签订有关边境小额贸易合同外，一般不得以个人名义与外商订立有关出口货物方面的合同。我国已加入世界贸易组织，今后我国政府将按照国际规则的要求，逐步放开对我国当事人从事国际贸易的限制。

③合同的标的和内容必须合法。合同的标的和内容的合法性是合同产生法律效力的根本前提。对于这一点，各国法律都有着十分明确的规定。我国《合同法》规定：一方以欺诈、胁迫的手段订立合同，损害国家的利益，恶意串通、损害国家集体或者第三人利益；以合法形式掩盖非法目的；损害公共利益；违反法律、行政法规的强制性规定的合同无效。其他国家的合同也都规定合同不得违反本国的法律和公共秩序或公共政策，否则无效。

④当事人的意思表示必须真实。合同是当事人之间意思表示一致的结果。这种意思表示的一致必须是当事人在自愿和真实表示的基础上达成的，一方不得采取欺诈、胁迫等手段使对方与自己订立合同，同时也不得使用模糊的含义，使对方在产生重大误解的情况下与自己订立合同。否则，在当事人意思表示不真实的情况下所订立的合同依情况不同，在法律上被视为无效合同或可撤销的合同。

⑤合同的形式必须符合法律规定的要求。一般情况下，各国法律对合同的形式原则上不加以限制。如大陆法系对商事合同原则上采用"不要式"原则，即不要求以特定形式成立。《联合国国际货物销售合同公约》也没明确规定：买卖合同无须以书面订立和证明，在形式方面不受任何其他条件的限制，买卖合同可以包括人证在内的任何方法证明。虽然我国是该公约的缔约国，但我国在核准《联合国国际货物销售合同公约》时，对这一条提出了保留，坚持订立国际货物买卖合同必须采用书面形式。并把它作为国际货物买卖合同成立的形式要求。此外，美国的法律还规定：价值在500美元以上或履行期限在一年以上的买卖合同，必须以书面形式订立。除书面形式的要求外，有些合同还要求必须经批准或公证等其他形式成立。这就要求我们必须认真领会对方当事人的意思，并认真研究相关的法律规定，以正确的形式订立合同。

五、操作示范

公司业务员陈明根据自己草拟的合同条款给美国的DEX公司进行了发盘，内容如下：

1. 数量和单价

HB0251 女士套头衫5000件　单价：USD17.07美元CIF洛杉矶

HB0265 女士开襟羊毛衫5000件 USD20.24美元CIF洛杉矶

2. 包装：先用塑料袋包装，再用盒包装，最后20件装一纸箱；

3. 支付方式：即期议付信用证

4. 装运条款：装运港：中国的任何港口，目的港：美国洛杉矶

最迟装运期：2009年11月30日前

5. 保险条款：CIF值加10%投保一切险

但美国DEX公司在收到发盘后进行了还盘，还盘内容如下：

1. 数量和单价：

HB0251 女士套头衫2000件　单价：USD16.80美元CIF洛杉矶

HB0265 女士开襟羊毛衫2000件 USD19.90美元CIF洛杉矶

2. 支付方式：见票后30天付款的即期议付信用证

我方在收到还盘后，与美国DEX公司进行了进一步磋商，说明国内原材料价格和工人工资上涨等理由，希望对方能考虑我们的利益。经过多轮磋商后，双方终于达成一致协议，并签订了书面合同，书面合同如下：

宁波威联进出贸易有限公司

Ningbo Weilian Import and Export Trading Co. Ltd.

RM2100，lishi Mansion No. 85 Zhongshan East Road，Ningbo，PR. CHINA

TEL：0086—0574—87936128　　　　FAX：0086 - 0574 - 8793618

TO：DEX CORP.　　　　　　　　　合同编号：

No. 21 SSG - 017　　　　　　　　　S/C No. Aug. 30，2009

BROADWAY，ROOM 300　　　　　日期：

NY 10018 U. S. A.　　　　　　　　Date：AUG. 26，2009

售货确认书
SALES CONFIRMATION

货号 ART. NO.	品名及规格 COMMODITY AND SPECIFICATION	数量 QUANTITY	单价及价格条款 UNIT PRICE & TERMS	金额 AMOUNT
HB0251 HB0265	Ladies' 100% cotton pullover Ladies' 100% woolen cardigan	2000 PCS 2000 PCS	CIF Los Angeles USD 17.05 /PC USD 20.10 /PC	USD34, 100.00 USD40, 200.00
	TOTAL：	4000 PCS		USD74, 300.00

装运条款：

Shipment：Shipment on or before nov. 30，2009 with partial shipments are not allowed transshipment is allowed from china to los angeles

付款方式：

Payment：The buyer shall open through a bank acceptable to the seller an irrevocable l/c by negotiation with any bank at sight to reach the seller 30 days before the month of shipment and remained valid for negotiation in china until the 15 day after the date of shipment.

保险：

Insurance：The seller shall cover insurance against all risks for 110% of the total invoice value as per relevant ocean marine cargo clause of P. I. C. C. dated Jan. 1，1981.

注意：请完全按本售货确认书开证并在证内注明本售货确认书号码。

Important：Please establish L/C exactly according to the terms and conditions of this S/C and with this S/C number indicated.

检验：

INSPECTION：Both buyer and seller agree to inspect the goods before shipment. The inspection is subject to the quality certificate issued by China Inspection and Quarantine Bureau, as the final delivery for both buyer and seller.

索赔:

CLAIMS: Any claim by the Buyer regarding the goods shall be filed within thirty days after the arrival of the goods at the port of destination specified in the relative B/L and supported by a suvrey report issued by a suvrey or approved by the Seller.

不可抗力:

FORCE MAJEURE: Any event or circumstance beyond control shall be regarded as Force Majeure but not restricted to fire, wind, flood, earthquake, explosion, rebellion, epidemic, quarantine and segregation. In case either party that encounters Force Majeure fails to fulfill the obligation under the contract, the other party should extend the performance time by period equal to the time that Fore Majeure will last.

仲裁:

ARBITRATION: All disputes arising form the performance of this Contract should be settled through friendly negotiation. Should no settlement be reached through negotiation, the case shall be submitted for arbitration in China. And the case shall be submitted to the Foreign Trade Arbitration Commission of the China Council for the Promotion of International Trade, Shanghai and the arbitration rules of Commission shall be applied.

CONFIRMED BY	CONFIRMED BY
DEX CORP.	Ningbo Weilian Import and Export Trading Co. Ltd.
买方 (The Buyers):	卖方 (The Sellers):
DAVY	陈 明

六、跟学训练

1. 请根据下列资料签订一份销售合同:

卖方：新达利贸易公司　宁波市大庆南路 180 号 TEL：0574 - 87666666

买方：WASHING MEET IMP. AND EXP TRDDE CORP.

558 OTOLIMACH TOKYO, JAPAN TEL：028 - 54654321

品名：女式针织游泳衣（women's knitted swimming suit）

单价：每套 4.8 美元 CIF KOBE

数量：1000 套

包装：每 20 套装一纸箱

装运时间：2010 年 5 月 30 日前，不准分批装运和转运

装运港：中国的任何港口

目的港：神户

开证方式：电开

支付方式：不可撤销即期议付信用证

保险：按发票金额加一成投保一切险和战争险

2. 我某公司于 10 月 2 日向美商发电，以每打 84.50 美元 CIF 纽约的价格提供全棉男衬衫 500 打，限 10 月 15 日复到有效。10 月 10 日收到美商回电称价格太高，若每打 80 美元可接受。10 月 13 日又收到美商来电："接受你 10 月 2 日发盘，信用证已开出。"但我方由于市价上涨未作回答，也没有发货，后美商认为我方违约，要求赔偿损失。请问：我方应否赔偿？为什么？

七、课外拓展

1. 发盘在哪些情况下失效？

2. 什么是发盘的撤回与撤销？对发盘的撤销，《联合国国际货物销售合同公约》是如何规定的？

3. 对接受的生效有关法律是如何规定的？

4. 什么是逾期接受？其效力如何？

5. 合同成立的有效条件及判断标准是什么？

6. 就现阶段而言，在服装进出口贸易中使用电子商务合同面临哪些问题？

学习情境八：服装出口合同履行

一、学习目标

1. 能力目标
（1）能落实好货源并按出口合同要求备货；
（2）能审核信用证条款并提出修改；
（3）能委托相关部门办理运输、保险、报关事宜；
（4）能分步执行并全面掌控出口合同的履行，规避风险，达到安全收汇。

2. 知识目标
（1）了解履行合同的程序
（2）熟悉备货方法、商品检验方法和主要检验机构
（3）掌握出口通关、制单结汇的要点

二、工作情景

宁波威联进出口贸易有限公司（NINGBO WEILIAN IMPORT AND EXPORT TRADING CO., LTD.）与美国的 DEX 公司签订完合同后，业务员陈明就要按合同规定开始备货、审证、报检等履行合同的程序。

三、任务描述

要求：根据上述背景资料，请你以公司业务员陈明身份按合同规定履行合同，具体完成如下任务：

工作任务一：备货
工作任务二：审证
工作任务三：订舱报检报关
工作任务四：制单结汇

四、知识准备

进出口商人为了各自的目的，经过艰难的讨价还价，签订了双方都认为满意的国际货物买卖合同，达到双赢的初步结果，完成了进出口工作的第一步。然而合同的订立，只是表达了双方当事人各自的经济愿望，合同的履行才是整个进出口工作的重要环节。只有顺

利地做好履约工作，才能最终实现进出口双方各自的经济利益。

(一) 备货和报验

备货指出口人根据合同规定的品质、规格、数量、包装等条件准备好货物，以便按质、按量、按时地完成交货义务。需要进行检验的出口服装，还应及时向出入境检验检疫机构报验。

1. 备货

备货一般在合同签订后开始进行，外贸公司首先向生产或供货单位下达联系单，安排生产或催交货物，并要求后者按联系单的内容对货物进行加工、整理、刷制唛头，再由外贸公司对货物进行核实、验收，以便货物提前验收入仓。有的商品进仓后，尚须根据出口合同规定对入库货物再进行加工整理或重新包装并刷好唛头，才能使货物符合合同中规定的要求。然后，填制货物出仓申请单，待得到储运部货物出仓通知单后，即可办理其他手续。

在服装出口备货时，一般要注意以下几个问题：

①服装的品质、规格及花色搭配应与合同规定完全一致。对不符合规定的服装应立即更换，以免买方拒收货物或提出索赔要求，给出口方在经济和声誉上造成损害。如系凭样品达成的合同，则必须与样品相一致；如既凭文字说明又凭样品达成的合同，则两者均须相符。

②服装的包装要与合同规定一致。卖方必须按照合同规定的包装方式交付货物。倘若合同对包装未作具体规定，应按《联合国国际货物销售合同公约》第35条第二款的规定："应按照同类货物通用的方式装箱或包装。如果没有此种通用方式，则应按照足以保全和保护货物的方式装箱或包装。"若发现包装不妥，要立即更换或修整。

③运输标志（唛头）的式样。如合同有规定或客户另有指定的，则应按合同或信用证中的规定办理；如合同未规定，客户对此又无要求的，则由我方自行选定刷制，而且要做到字迹清晰、位置醒目、刷制正确。如进口国有关当局规定包装标志必须使用特定文字的，应予照办。

④备货的数量应保证能满足合同或信用证的要求。一般要比合同规定稍多一些，以便在装船发现货物短缺或损坏时能及时补足或更换，从而避免发生少装。

⑤备货时应注意信用证规定的最迟装运期与船期情况。应尽可能做到船货衔接，以避免船等货或货等船的现象，从而节约各种费用。

⑥若货物比较特殊、不易转售，出口方最好在收到信用证并审核无误后再开始备货，以免因对方违约拒不开证而造成被动局面。

2. 报验

针对不同商品的情况和出口合同的规定，对出口货物进行检验，也是备货工作的重要内容。出口商在货物备齐后，就应向出入境检验检疫机构申请检验。只有取得出入境检验检疫机构发给的合格的检验证书，海关才准放行；凡经检验不合格的货物，一律无法出口。

凡属法定检验的出口商品，必须根据《中华人民共和国进出口商品检验法》及其实施条例，《中华人民共和国进出境动植物检疫法》及其实施条例，《中华人民共和国国境卫生检疫法》及其实施细则，《中华人民共和国食品卫生法》与国家质量监督检验检疫局制定的《出入境检验检疫报检规定》的规定，在规定的地点和期限内，持出口合同、信用证副本、发票、装箱单以及其他必要的证单向出入境检验检疫机构报验。此时，出口商要填制"出口商品报验申请单"表明货物的品名、规格、数量、包装、产地等内容。在检验部门对货物进行抽样检验合格后，对出口企业发给检验证书。应注意的是，若出口企业未能在商检证书的有效期内将货物运出，应向商检局申请复验，复验合格，商品才能出口。

货物经检验合格后，由商检机构发给检验证书。出口方应在检验证书规定的有效期内将货物装运出口。一般货物的检验证书从发证日起两个月内有效。如果超过有效期装运出口，应向商检机构申请延期，由商检机构复验合格后，才能出口。

对于不属于法定检验范围的出口商品，出口合同约定由检验检疫机构检验的，也需按合同规定，持买卖合同等有关证单向检验检疫机构报验。

（二）催证、审证、改证

在凭信用证支付的交易中，落实信用证是履行出口合同至关重要的环节，因为它将直接关系到出口商能否安全、顺利地结汇。落实信用证通常包括催证、审证和改证三项内容。

1. 催证

催证是指卖方催促买方按照合同规定的开证时间及时开立信用证，并送达卖方，以便卖方按时将货物装运交付。在凭信用证支付的交易中，按合同规定及时开立信用证本来是买方的主要义务之一，但买方往往因市场行情变化或资金周转困难、进口国外汇管制加强、商品市场行情发生不利于买方的变化等原因而拖延开证。这可能会使出口方错过船期，不能按时履约。在这种情况下，出口方应催请买方尽快开证，并在对方仍不开证时声明保留索赔权，或拒绝交货。另外，如果我方根据备货和承运船舶的情况可以提前装运时，也可商请对方提前开证。

出口商可以信函、电报、电传、传真等方式直接向国外客户催证，必要时还可商请银行或我驻外机构等有关机构或代理商给予协助和配合代为催证。

用电传催证，举例如下：

Goods for Sales Contract No. WF99CS008 are ready. Please rush to open the relevant L/C.

2. 审证

审证是指卖方对国外买方通过开证银行开来的信用证内容进行全面审查，以确定是否接受或向买方提出需要其修改某些内容。信用证是依据合同开立的，信用证内容应该与合同条款一致。但在实际工作中，由于工作的疏忽、电文传递的错误或者进口商故意加列对其有利的附加条款等因素，往往会出现信用证条款和合同条款不符的情况。此时，如果卖方按信用证条款发货，在买方国家市场行情不好的情况下，很容易被其以货物不符合同为由拒绝受货，从而造成损失；如果以合同条款发货，由于信用证的"独立性"，在卖方凭单索汇时银行经常会拒付，从而无法顺利结汇。所以，出口商在接到对方开来的信用证时，一定要严格审证，以便在信用证存在问题时及时通知对方改证。审核信用证的基本原则就是要求信用证条款与合同中的规定相一致，除非事先征得我方出口企业的同意，否则在信用证中不得增减和改变合同条款的内容。

在实际业务中，审核信用证是银行与进出口公司的共同责任。由于银行与出口企业的分工不同，因而在审核内容上各有侧重。银行着重负责审核有关开证行的政治背景、资信能力、付款责任以及索汇路线等方面的条款和规定，进出口公司着重审核信用证的条款是否与买卖合同的规定相一致。

一般来说，对信用证的审核应包括以下要点：

①对开证行资信的审查。凡是资信情况不好，经营作风欠佳的银行开来的信用证，原则上应拒绝接受，并请客户另行委托我方允许往来的其他银行开证。

②对信用证是否已经生效、有无保留或限制性条款的审核。遇到包含"详情后告"、"经我方确认生效"等字样的信用证，出口企业应及时与对方协商该证。

③对信用证不可撤销性的审核。信用证是否是不可撤销的，直接关系到我方交付货物后能否安全收汇。我方一般只接受不可撤销的国外来证。

以上三点是银行审证的重点，出口企业只做复核性审查。出口企业重点根据合同规定做好以下专项审核。

④审核信用证中对商品名称、质量、规格、数量、包装、唛头等的规定是否与合同条款相符。若信用证中对此加列某些特殊规定，要认真考虑我方能否接受。

⑤信用证中的货币与金额是否与合同规定相同。来证所采用的货币及金额应与合同一致。若信用证规定商品在数量上可以有一定幅度的增减，金额也应规定有相同幅度的增减，否则，信用证金额不得小于发票和汇票金额。

⑥审核信用证对装运期、有效期、交单期及到期地点的规定。对装运期的规定应与合同规定相一致。若出口企业由于种种原因不能按时出运货物，应及时要求买方延期。若信用证中未规定装运期，则信用证的有效期即被视为装运期。有效期与装运期之间应有一定的时间间隔，以使出口企业在出运货物、取得货运单据后有足够的时间制单和议讨。再者，交单期也应合理，以免因交单期太短而难以及时向银行交单议付。关于信用证的到期地点，通常要求规定在中国境内到期，如将到期地点规定在国外，一般不宜轻易接受。

⑦审核信用证单据条款。检查信用证中是否有要求合同规定以外的单据，是否对单据的内容、种类、填制方法等提出了特殊要求。若发现有我方不能同意的特殊要求，应立即要求对方改证。

⑧审查信用证运输条款。信用证对装运港（起运地）、目的港（目的地），以及对转运与分批装运的规定应与合同一致。除非合同中有明确规定，出口方应要求信用证允许转运或分批装运，或对此不作规定。另外，还应审查来证对分批装运是否有特殊要求。

⑨审查开证申请人和受益人。开证申请人大都是买卖合同的对方当事人即买方，但也可能是对方的客户即实际买主或第二买主，因此对其名称和地址均应仔细核对，防止张冠李戴，错发错运申请人。

⑩审查信用证中是否规定有特殊条款。我方一般不接受特殊条款中的各种规定。特别要注意信用证中的"软条款"，如有"软条款"，应立即要求对方更正。

【案情举例】上海某服装外贸公司出口9000件服装到日本，用不可撤销跟单信用证结汇，信用证要求6/7/8月份分三批等量装运。外贸公司于6月20日发运了第一批服装3000件，并顺利结算了货款。当7月30日准备装运第二批货物时由于台风登陆港口不能作业，台风过后已是8月1日。装完货后，公司持8月1日的提单及其他单据到银行议付时，遭到拒绝。但公司认为不能如期装运是因为不可抗力，因而坚决要求银行付款。请问银行是否应该付款？为什么？

【分析】按照《UCP600》第32条的规定：在指定的不同期限内装运，如其中任何一期未按信用证所规定的期限装运，则信用证中的该批与以后各批均告失败。本例中我方本应于7月装运第二批货物，但实际装运期却拖至8月1日，显然违反了该规定，所以银行拒付是合理的。

☆Case：
　　我某外贸公司出口一批服装到阿拉伯联合酋长国，阿拉伯联合酋长国的进口商按时开来即期不可撤销跟单信用证，信用证规定：货物最迟装运期6月6日，信用证有效期6月30日。我公司于6月3日装船完毕并取得当日提单，6月26日持相关单据到银行议付时遭到拒付。请问：在上述情况下，我方是否可以得到货款？

3. 改证

对进口方开出的信用证行全面审核后，如果没有发现问题，出口方就可以按信用证条款发货、制单结汇。但如果发现有问题，就应区分问题的性质，分别同运输、保险、商检等有关部门研究，做出妥善处理。凡是属于不符合我国对外贸易方针政策，影响合同履行和安全收汇的情况，我们必须要求国外进口方通过开证行进行修改，并坚持在收到银行修改信用证通知书后才能对外发货；凡是不违反政策原则，经过努力可以做到，而又不增加太多费用的情况，可以酌情处理，或不作出修改，按信用证规定发货。

在办理改证过程中，如一张信用证发现多处错误，我们应尽可能地一次向对方提出，尽量避免因为考虑不周而反复提出修改意见，否则，不仅会增加双方的手续和费用，而且还影响我们的声誉。

按《UCP600》的规定，未经开证行、保兑行（已保兑时）以及受益人的同意，不可撤销信用证既不能修改也不能撤销。也就是说，若想对不可撤销信用证进行任何修改，都必须经过有关部门当事人全部同意后，才能实现。而且惯例中还规定，信用证在修改时，"原证的条款（或先前接受过修改的信用证）在受益人向通知该修改的银行发出他接受修改之前，仍然对受益人有效。"

在实际业务中，有时开证人或开证行主动修改信用证，我们在收到改证内容要认真审核，如发现对方修改信用证未经我方同意，有权拒绝接受，但应将该通知书立即退还通知行。所谓立即退还，按照银行惯例的解释，一般应在3个工作日以内退还，如银行在此期间未收到拒绝通知书，即作为受益人已接受对待。

改证或展证必须尽早办理，装运之前一切办妥，以减少或杜绝电提、凭保兑等情况发生。早改证或展证的函电中，必须注明原信用证号、合同号、货物名称，避免张冠李戴。

在审证时，如果发现违背国家政策或出口企业无法办到的、与合同规定不相符的内容，应立即要求对方到原开证行申请改证。对于可改可不改的，或经过适当努力可以做到的，则可酌情处理，或不做修改，按信用证规定办理。

对于收到的信用证修改通知书，要认真进行审核，如发现修改内容有误或我方不能同意，我方有权拒绝接受，但应及时将做出拒绝修改的通知送交通知行，以免影响合同的顺利履行。按照《UCP600》的规定，对于信用证的修改通知书，卖方只能选择全部接受或全部拒绝，不能接受其中的一部分内容而拒绝另一部分内容。若出口方没有明确表示接受修改通知或按修改通知中的规定向银行交单，则可认为原信用证对出口企业继续有效。

【审证举例】 我国上海红大纺织品国际贸易有限公司与加拿大 James Brown 公司签订了出售全棉男衬衫的合同

售货确认书

编号：第 0010916 号
日期：2010 年 9 月 30 号

卖方：上海红大纺织品国际贸易有限公司
买方：加拿大 James Brown 公司
品名及规格：POLO 牌全棉男衬衫
数量：15000 件，卖方可溢短装 5%
包装：纸箱装，每箱 20 件；须装集装箱
单价：每件 1.20 美元 CFR3%多伦多
总值：壹万捌仟美元整
装船期：2010 年 11/12 月，每月平均装运，自上海至多伦多，允许转船。
保险：由买方办理
支付：凭不可撤销即期信用证付款。信用证应在装运月份前 15 天送达卖方，有效期至装运日后第 15 天在中国议付。

加拿大皇家银行

不可撤销跟单信用证第 1010866 号

加拿大，2010 年 10 月 12 日

致：中国银行
中国上海

兹受加拿大 JAMES BROWN 公司（加拿大邮政信箱第 666 号）申请，我行开立以上海红大纺织品国际贸易有限公司为受益人，不可撤销跟单信用证第 0310866 号，金额最高不超过 US＄18000（美元壹万捌仟美元整），凭受益人开具按发票金额 100％以加拿大皇家银行为付款人见票后 30 天付款的汇票，并随附下列单据：

1. 签署的商业发票一式三份。
2. 全套清洁已装船提单，作成凭指示和空白背书，注明运费已付，并通知开证申请人。
3. 保险单一式两份按发票金额 120％投保一切险和战争险，按 1981 年 1 月 1 日中国保险条款负责。
4. 由中国国际商会或其他官方机构签发的产地证明书，一式两份。
5. 开证申请人签发的品质检验证书。

载明：

15000 件 POLO 牌全棉男衬衫，纸箱装，每件 1.20 美元 CFR 多伦多。由上海至多伦多于 2010 年 11 月 20 日或以前装运，允许分批装运，不准转运。货物须装集装箱。

单据必须在提单日后 15 天提交，但不迟于信用证的到期日。

加拿大皇家银行

（签字）

Sales Confirmation

No：0010916

Date：Sep. 30，2010

Seller：Shanghai Hongda Textile International Trade Corporation Limited.

Buyer：James Brown Corporation，P. O. Box No. 666 Toronto，Canada.

Commodity and Specifications：

Polo brand full cotton men's shirt 15，000pcs，5％ more or less at seller's option

Packing：In cartons of 20pcs each，containerized

Unit Price：US＄1.20 Per Piece CFRC3％ Toronto

Total value：US＄18000.00（U. S. Dollars Eighteen Thousand only）

Time of shipment：During Nov./Dec. 2010 In two equal monthly lots，from Shanghai，to Toronto，allowing transshipment.

Insurance: To be covered by the Buyer

Terms of Payment: By Irrevocable Sight Letter of Credit to reach the Seller 15 days before the month of shipment and remained valid for negotiation in China until the 15th days after date of shipment.

IRREVOCABLE DOCUMENTARY CREDIT

NO. 1010866

Oct. 12, 2010

TO: BANK OF CHINA

SHANGHAI, CHINA

FROM: THE ROYAL BANK OF CANADA

WE OPEN IRREVOCABLE DOCUMENTARY CREDIT NO. 1010866

BENEFICIARY: SHANGHAI HONGDA TEXTILE INTERNATIONAL TRADE CORPORATION LIMITED

APPLICANT: JAMES BROWN COMPANY. P. O. BOX NO. 666 TORONTO, CANADA

AMOUNT: US $18000.00 (US DOLLARS EITHTEEN THOUSAND ONLY)

THIS CREDIT IS AVAILABLE BY BENEFICIARY'S DRAFT AT 30 DAYS AFTER SIGHT FOR 100% OF INVOICE VALUE DRAWN ON THE ROYAL BANK OF CANADA

ACCOMPANIED BY THE FOLLOWING DOCUMENTS:

1. SIGNED COMMERCIAL INVOICE IN 3 COPIES.

2. FULL SET OF CLEAN ON BOARD BILL OF LADING MADE OUT TO ORDER AND BLANK ENDORSED MARKED FREIGHT PREPAID AND NOTIFY APPLICANT.

3. INSURANCE POLICY IN DUPLICATE COPIES FOR 120% OF INVOICE VALUE.

COVERING ALL RISKS AND WAR RISK SUBJECT TO CIC DATED JAN. 1ST, 1981.

4. CERTIFICATE OF ORIGIN IN DUPLICATE ISSUED BY CHINA INTERNATIONAL CHAMBER OF COMMERCE OR OTHER GOVERNMENT AUTHORITIES.

5. INSPECTION CERTIFICATE OF QUALITY ISSUED BY APPLICANT

COVERING:

POLO BRAND FULL COTTON MEN'S SHIRT 15, 000PCS AT US $1.20 PER PIECE CFR TORONTO AS PER S/C NO. 0010916 DATED SEPT. 30, 2010.

LATEST SHIPMENT: NOV. 20, 2010 FROM SHANGHAI TO TORONTO.

PARCIAL SHIPMENTS：ALLOWED
TRANSHIPMENT：PROHIBITED
THE GOODS SHALL BE CONTAINERIZED.
DOCUMENTS MUST BE PRESENTED WITHIN 15 DAYS AFTER THE DATE OF THE B/L，BUT WITHIN THE VALIDITY OF THE CREDIT.

THE ROYAL BANK OF CANADA

请问：加拿大皇家银行开来的信用证存在哪些问题？

【分析】

（1）信用证没有到期日和到期地点；
（2）信用证金额应包括溢短装部分；
（3）汇票应为即期；
（4）品质检验证书不应由开证申请人签发；
（5）我国的产地证明书应由商检机构或贸促会签发；
（6）保险应由买方办理；
（7）单价应为含佣价；
（8）应允许转船。

（三）租船订舱和装船

各出口企业在备货的同时，还应及时做好租船订舱的工作、办理报关、投保等手续。

1. 租船订舱、装船

在 CIF 与 CFR 出口合同下，租船订舱是出口方的责任之一。我国出口企业通常委托中国对外贸易运输公司（外运公司）代办托运，对于数量大、需整船运输的货物，办理租船手续；对于数量不够整船运输的货物，办理班轮舱位。

订舱、装船工作的基本程序大致如下：

①出口商向外运公司填写并发送订舱委托书（表 8-1），办理订舱委托。

②外运公司填写托运单并送交给承运人或其他代理人，为托运人办理订舱手续。

③承运人或其他代理人在接受托运人的托运单证后，即对出口企业签发装货单（表 8-2），作为通知出口企业备货装船与载货船舶收货装运的凭证。待载货船舶到港后，出口企业或外运公司在海关验货放行后，凭此装货单装船。

④待货物装船后，由船长或大副签发收货单（表 8-3），根据装船货物实际情况在收货单上签字或作适当批注，即大副收据，作为货物已装船的临时收据。然后，由托运人凭该收货单向承运人交付费用并换取正本提单。

⑤出口企业在货物装船后应向对方发出通知，以便其做好收货准备。由于在 CFR 合同下买方要办理保险，装船通知显得尤为重要。如果出口方未能及时发出装船通知，卖方

因此耽误了办理保险，出口方要对由此给卖方造成的损失承担责任。

2. 报关

出口报关是指出口人向海关如实申报出口，交验有关单据和证件，接受海关对货物的查验的过程。按照《中华人民共和国海关法》规定："凡是进出国境的货物，必须经由设有海关的港口、车站、国际航空站进出，并由货物的所有人向海关申报。经过海关查验放行后，货物方可提取或装运出口。"在出口货物的发货人缴清税款或提供担保后，经海关签印放行，称为清关或通关。

（1）报关的方式

专业报关企业是指依照《中华人民共和国海关对专业报关企业的管理规定》所规定的程序设立，主要从事接受进出口货物经营单位和运输工具负责人以及他们的代理人的委托，办理进出口货物和进出境运输工具的报关，纳税等事宜，具有境内法人地位的经济实体。专业报关企业又称为报关公司或报关行。

代理报关企业是指经营国际货物运输代理，国际运输工具代理等业务，并接受委托代办进出口货物的报关纳税等事宜，依照《中华人民共和国海关对专业报关企业的管理规定》履行代理报关注册登记手续的境内法人。代理报关必须是国际货物运输代理企业或是国际船舶代理企业。

（2）申报时间

出口货物应在装货的 24 小时前（海关特准的除外）申报。这就要求报关人及时报关，加速口岸疏运。促使出口货物能按时装运发运，提高经济效益。

（3）准备报关单证

准备号报关的单证，是保证出口货物顺利通关的基础。一般情况下报关应具备单证除进出口货物报关单外，可分为基本单证、特殊单证、预备单证三种。

①基本单证。基本单证是指与货物出口直接相关的商业和货运单据，主要包括：

a. 发票一份；

b. 装箱单一份（大宗散货及单一品种包装内容一致的件装货物不同）；

c. 装箱单（非海运货物则为运单，集装箱货物为场站收据）；

d. 出口收汇核销单；

e. 审核签发的出口货物减税、免税证明。

②特殊单证。特殊单证是指国家有关法律法规规定实行特殊管制的商品出入境必须提供的证件。主要包括：

a. 配额许可证管理证件。包括我国计划部门签发的配额证明和对外贸易管理部门签发的进出口货物许可证；

b. 其他各类特殊管理证件。包括商品检验、动植物检疫、药品检验等主管部门签发的证件。

③预备单证。预备单证是指在办理进出口手续时，海关认为必要时需要查阅或收取的

证件。主要包括：

　　a. 贸易合同；

　　b. 货物原产地证明；

　　c. 委托单位的工商营业执照；

　　d. 委托单位的账册资料及其他有关单证。

（4）填制出口报关单

出口货物报关单（表8-4）是指出口货物的发货人或其他代理人向海关递交的申报货物情况的法律文件，是海关依法监管货物出口的重要凭证。报关单位必须认真填写，并对所填制的报关单的真实性、合法性负责。

向海关递交委托的代理报关企业在预备好报关随附单证，按规定填制出口货物报关单后，或完成报关单预录入后，由报关员向出口口岸的海关正式递交报关单。

海关接受报关后，经审核单据、查验货物、征缴税费后，在货物的出口货运单据（如出口装货单、场站收据）上签盖"海关放行章"，出口货物的发货人才能凭此转船发货。

3. 投保

在CIF出口合同下，在配载就绪，确定船名后，出口商应于货物装运前，按照买卖合同和信用证的规定向保险公司办理投保手续，取得约定的保险单据。在办理投保手续时，通常应填写国外运输险投保单，列明投保人名称、货物的名称、唛头、运输路线、船名或装运工具、开航日期、航程、投保险别、保险金额、投保日期、赔款地点等。保险公司据此考虑承保并签发保险单或保险凭证。

（四）制单结汇

货物装运后，出口企业应立即按照信用证的规定，正确缮制各种单据（有的单据和凭证在货物装运前就应准备好），并在信用证规定的交单到期日或以前将各种单据和必要的凭证送交指定的银行办理要求付款、承兑或议付手续。

1. 制单

信用证支付对单据的要求如下。

信用证作为国际贸易支付方式，实行的是凭单付款，从这个意义上讲，信用证就是单据的交易。在信用证条件下，不仅要求"单证相符"，而且要求"单单相符"。前者指信用证规定的一切单据在表面上要符合信用证条款，后者指单据之间不能出现彼此不一致的情况。根据《UCP600》的规定，这里的"相符"必须是表面的严格相符。因此，出口商在缮制单据时一定要认真、谨慎，切勿因为疏忽而导致银行拒付。

对于结汇单据，一定要做到"正确、完整、及时、简明、整洁"。"正确"就是要求单据应与信用证条款的规定相一致，单据与单据之间应彼此一致；"完整"是指信用证规定的各项单据必须齐全，不能短缺，单据的种类、每种单据的份数和单据本身的必要项目内容都必须完整；"及时"是指出口商应在信用证规定的交单期和/或《UCP600》规定的交单期内将各项单据送交指定的银行办理议付、付款或承兑手续;"简明"指单据内容按信用证和《UC600》的规定以及该惯例所反映的国际标准银行实务填写,力求简单明了,切勿加列不必要的内容,以致弄巧成拙;"整洁"是指单据的布局要美观、大方,缮写或打印的字迹要清楚,单据表面要洁净,更改的地方要加盖校对章。

出口单据的缮制一般以发票为中心展开,海关发票、产地证、投保单及报关需要的托运、报关单等单证一般都是按发票为内容缮制的。各单据的填制内容除提单用概括性的商品统称外,须在措辞和用语方面保持一致。如发票上叙及的产地应与产地证上的产地相同;发票运费金额应与运费单据或运费发票上所列一致;检验证书上应注明关于货物描述、航运、信用证或其他单据的引证;各单据相应的重量或数量应完全相等。涉及商品数量、尺码、重量、总价等方面计算的,制单前应按信用证要求和装运实际详细核算,须提供具体的细码单时还应逐码核对,并计算累积数量。

此外,各种单据签发日期应保持合理,符合逻辑性及国际惯例。一般来说:

①汇票日期应等于或晚于发票日期,且不能先于提单日期。

②保险单日期应早于或等于提单日期,除非信用证特别许可,或保险单据表明保险职责最迟于装船或发运或接受监管日起生效。

③装箱单、重量单日期不得早于发票日期。

④一般产地证明日期不应迟于提单日期。普惠制产地证书签署日期不得早于发票日期。

⑤商检证书日期不应晚于提单日期,但也不能太早。

⑥出口许可证日期应早于或等于提单日期。

⑦受益人证明或声明、船长收据或证明的签发日期应等于或晚于提单日期。

⑧运费收据应早于或等于提单日期。

2. 主要的结汇单据

(1) 汇票(Bill of Exchange)(表 8-5)

汇票是由一个人向另一个人签发的一张无条件的书面支付命令,要求接受命令的人在见票或在特定的或可以肯定的将来某一时期,支付一定金额给特定的人或其他指定人或持票人。汇票按出票时是否附有货运单据可分为光票和跟单汇票,信用证下的汇票一般是跟单汇票。按照汇票由商业企业还是银行承兑,汇票可分为商业承兑汇票和银行承兑汇票,《UCP600》禁止信用证申请人为汇票付款人,所以信用证下的汇票一般为银行承兑汇票。

在缮制汇票时,应注意避免以下几个问题:

①付款人误填。付款人名称必须填写完整。信用证项下汇票通常以开证行或其指定银行为付款人。《UCP600》规定信用证不应开立申请人为付款人的汇票,如开立了该汇票也仅视作一种附加单据,而不能作为金融单据。

②期限与信用证不符。

③漏填日期或日期不符合惯例。出票日期应在提单日期之后(交货后付款),但不能迟于信用证规定的交单有效期限。

④汇票付款日期不确定。汇票必须列明付款期限，凡没有列明付款期限的汇票，根据汇票法应认为无效。

⑤出票人不是信用证受益人或出票人漏签字。

⑥漏列或错列信用证号码。

⑦没有按规定列出出票条款或利息条款。

⑧金额与发票金额不一致，或金额大、小写不一致。

(2) 发票（invoice）

发票的种类有很多，一般是指商业发票，此外还有形式发票、样本发票、领事发票、海关发票、厂商发票等其他各种发票。

①商业发票（commercial invoice）。（表8-6）商业发票是出口商开立的凭以向进口商索取货款的价目清单和对整个交易和货物有关内容的总体说明。发票的主要作用是供进口商凭以收货、支付货款和作为进出口商记账、报关交税的依据。发票无统一的格式，但主要内容及项目都基本一致，主要包括发票编号、开制日期、数量、包装、单价、总值等。

在缮制商业发票时，应注意避免以下几个问题：

a. 受益人名称不符。发票顶端应有醒目的出单人名称、地址且必须与信用证上的受益人名称、地址一致。

b. 抬头上与信用证上付款人不同。

c. 货物描述与信用证规定不同。货物数量、单价或发票总金额在不允许幅度内。

d. 交货条款或单价与信用证不同。

e. 发票列入了信用证没有规定的费用（如佣金、仓租等）。

f. 未按信用证规定细分费用支出。

g. 未经信用证规定的机构证实。

h. 没有按信用证要求加列声明文句。信用证要求加注细节条款或特殊条款的，制单时应照打。

i. 货物包装或标志著有未经信用证许可的"用过"、"旧货"、"重新装配"字样。

j. 发票的参考号与信用证上的不一致。

②形式发票（proforma invoice）。出口商有时应进口商的要求，发出一份有出口货物的名称、规格、单价等内容的非正式参考性发票，供进口商向其本国贸易管理当局或外汇管理单据等申请进口许可证或批准给予外汇等之用，这种发票叫形式发票。形式发票不是一种正式发票，其价格仅为估价，不能作为结算单据。若信用证规定需"PROFORMA INVOICE"，制单时名称照打，且发票内注明"供进口商申请许可证"或"本交易由卖方最终确认为有效"等字样。

出口商在交易前发送样本，说明推销商品的品质、规格、价格，此时开出的为样本发票。样本发票不同于商业发票，只是便于客户了解商品的价值、费用等，便于向市场推销，便于报关取样。

③领事发票（consular invoice）。有些国家法令规定，进口货物必须领取进口国在出口国领事签发的发票，作为有关货物征收进口关税的前提条件之一。领事发票是一份官方单证，与商业发票是并行的单据。有些国家规定了领事发票的固定格式，这种格式可从领事馆获得。在实际工作中，比较多的情况是来证中规定由其领事在商业发票上认证，认证的目的是证实商品的确实产地，收取认证费。关于信用证上认证条款的内容，不同国家有不同的要求，是否必须认证须视具体情况而定。

④海关发票（Customs Invoice）。有些国家的海关制定一种固定的发票格式，要求国外出口商填写，这类发票有下列三种不同的叫法。

a. 海关发票（Customs Invoice）；

b. 估价和原产地联合证书（C. C. V. O. 即 Combined Certificate Of Value and Origin）；

c. 根据××国海关发令的证实发票（Certified Invoice in Accordance with ××Customs Regulations）。

对上述三种叫法的发票，在习惯上我们称为海关发票。海关发票是进口国海关当局规定的进口报关必须提供的特定格式的发票，主要作为估价完税，确定原产地、征收差别税或征收反倾销税的依据，此外，还供编制统计资料之用。海关发票在不同国家有不同的专门固定格式，使用时要注意不能混用。有些国家只要求海关发票，不再要求商业发票，这时海关发票就起到了商业发票和海关发票的双重作用。

在填写海关发票时，一般应注意以下问题：

a. 各个国家（地区）使用的海关发票，都有其固定格式，我们不得混用；

b. 凡是商业发票上和海关发票上共有的项目内容，必须与商业发票保持一致；

c. 出口国国内市场价格一栏，其价格的高低是进口国海关作为是否征收反倾销税的重要依据。在填制这项内容时，应根据有关规定慎重处理；

d. 如成交价为 CIF，应分别列明 FOB、F、I 三块价格，且其和应与 CIF 货值相等。

e. 签字人和证明人均须以个人身份出现，而且这两者不能为同一个人。个人签字均须手签，方可生效。

⑤厂商发票（manufacturer's invoice）。厂商发票是生产厂商给出口商的销售货物的凭证，其目的是供进口国海关估价和检查是否有削价倾销行为，征收反倾销税时使用。若海关规定 MANUFACTURER'S INVOICE，发票名称应该照打，且缮制时应注意：

a. 出票日期应早于商业发票日期；

b. 价格为以出口国货币表示的国内市场价。

价格应按发票货价适当的打个折扣，例如打九折或八五折，以免进口国海关视为压价倾销而征收倾销税。抬头人打出口商，出单人为制造厂商。除非有明确规定，不必缮制唛头。

(3) 装箱单（packing list）（表 8-7）

装箱单是商业发票的补充单据，一般由发货人缮制，表明装箱货物的名称、规格、数量、唛头、箱号、件数和重量以及包装情况。其主要栏目的填制可参照商业发票。

注意事项：

①装箱单应表明"装箱单"字样，它是一份独立的单据，不与其他任何单据联合出具。

②该单据中的货物名称应与其他单据一致。

③装箱单的内容必须与信用证的要求一致。如要求提供详细装箱单，应载明每件的内容清单和有关情况。装箱单可以不显示货物的价值、装运情况及收货人，除非特别规定。

④装箱单的出具日期，应不迟于发票日期或与发票日期相同。如信用证不做规定，也可不注明出单日。

(4) 海运提单（ocean bill of lading）（表 8-8）

在使用海运运输时，海运提单是最常见的一种单据，也是各项单据中最重要的单据，通常由出口企业或委托运输代理制作，在货物装船后由船公司签署后交出口企业。在缮制海运提单时，应注意以下几个问题：

①提单种类不能接受。

②提交货物承运收据而非提单。

③提交"收妥备运"提单。

④收货人名称、通知人名称与信用证规定不符。

⑤货名不符。

⑥装运港、转运地不符。

⑦信用证禁止转运而实际发生转运。

⑧没有"已装船"批注或货装甲板。

⑨"已装船"批注未签字并加注日期。

⑩"已装船"批注日期迟于信用证规定的装运日期。

⑪信用证为 CIF 价而提单上无"运费预付/付讫"的说明。

⑫提交不清洁提单。

(5) 保险单（insurance policy）（表 8-9）

保险单据即保险公司在接受货主投保后签发的承保凭证，该凭证既是保险人对被保人的承保证明，又是双方之间权利义务的契约。在 CIF 或 CIP 交易条件下，保险单是卖方必须向买方提供的出口单据之一。在缮制保险单时，应注意以下几点：

①被保险人即保险的抬头应符合信用证规定。一般谁投保，谁为被保险人，但遇特殊规定时，应根据信用证具体规定填制。若信用证规定以买方为被保人则卖方在收汇有保障的前提下，可以接受，将保单抬头填为进口方名称；若信用证规定以开证银行抬头（或受益），则保单抬头应填具开证行名称；若信用证规定以第三者为抬头人，也

应照制。

②保险金额及货币应与信用证规定一致。如信用证没有规定，一般按 CIF 或 CIP 价值或发票毛值加一成投保，至少等于发票金额（不足额投保除外）。保额尾数进位取整，金额大、小写必须一致，投保及赔款的货币名称必须与信用证的货币一致。

③出单日期不应迟于提单装运日期，除非信用证另有规定，或保险单表明保险责任最迟于装船日起生效。

④《UCP600》第三十四条 b 款规定：除非信用证另有授权，如保险单据表明所出具正本单据系一份以上，则必须提交全部正本保险单据。

【案情举例】我某外贸公司出口涤棉男式衬衫 6000 件，客户开来信用证中注明商品的名称是"涤 45％棉 55％男式衬衫"，我外贸公司发运货物后持单据到银行议付，银行发现发票上写的是"涤 45％棉 55％男式衬衫"，而提单和保险单上仅写为"男式衬衫"，就以单单不一致为由拒绝付款。经与国外客户联系，客户也不愿意接受单据，最后只好降价 15％以托收方式收回款项。请分析此案例中我外贸公司的处理是否妥当？为什么？

【分析】我外贸公司的处理不妥当。因为根据跟单信用证统一惯例的规定：商业发票中的货物描述，如货物名称等必须与信用证完全相符，其他一切单据只要不与信用证规定的货物描述有抵触，可使用货物统称。因此，银行以单单不一致为理由拒绝付款是没有根据的，我方应严正要求银行按国际惯例的做法偿付款项，以维护自身的利益不受侵犯，而不应随便降价处理。

(6) 产地证明书（Certificate of Origin）

产地证明书是证明货物原产地与制造地的文件，也是进口国海关采取不同的国别政策和关税待遇的依据。产地证分为普通产地证、普惠制产地证和纺织品产地证。

①普通产地证又称原产地证（Certificate of Origin）（表 8 - 10）。通常不使用海关发票或领事发票的国家，要求提供产地证明可确定对货物征税的税率。有的国家为限制从某个国家或地区进口货物，要求以产地证来确定货物来源国。原产地证一般由出口地的公证行或工商团体签发，在我国，可由中国出入境检验检疫局或中国贸易促进委员会签发。

②普惠制产地证（Generalized System of Preference Certificate of Origin Form A，简称 GSP Form A，是普惠制的主要单据（GSP Form A 见表 8 - 11）。它是享受普惠制待遇国家的受惠商品要得到该待遇时，向给惠国提供的，证明出口商品原产地的书面凭证。

普遍优惠制简称普惠制，是发展中国家在联合国贸易与发展会议上进行长期斗争，于 1968 年通过建立普惠制决议之后取得的。该决议规定，发达国家承诺对从发展中国家或地区输入的商品，特别是制成品和半制成品，给予普遍的、非歧视的和非互惠的关税优惠待遇。这种税称为普惠税。目前，共有 28 个国家向发展中国家或地区提供普惠制待遇。

它们是欧盟15国、日本、新西兰、挪威、瑞士、加拿大、澳大利亚、美国、捷克、斯洛伐克、保加利亚、匈牙利、波兰和独联体国家。接受普惠制关税优惠的发展中国家或地区达到一百七十多个。

上述各国除了美国外,其他国家都向我国提供了普惠制待遇。实行普惠制的国家对纳入受惠商品范围的商品的进口,要求出口方提供普惠制产地证。

在我国,普惠制产地证书由出口人填制后连同普惠制产地证申请书和商业发票一份,送交出入境检验检疫局签发,作为进口国减免关税的依据。其书面格式为"格式A"(Form A)。但对新西兰除使用格式A外,还须提供格式59A证书(Form 59A),对澳大利亚不用任何格式,只需在商业发票上加注有关声明文句即可。

③纺织品产地证。对欧盟国家出口纺织品时,信用证一般都规定须提供特定的产地证,即纺织品产地证(Certificate of Origin of Textile Products)。此种产地证在我国是由出口地的经贸局(厅)签发的。

除上述几种产地证外,在对美国的出口中,一般使用原产地声明书(Declaration of Country of Origin)。此声明书有三种格式:第一种格式,也称格式A,是单一国家声明书,声明商品的原产地只有一个国家;第二种格式,也称格式B,是多国家产地声明书,声明商品的原材料是由几个国家生产的;第三种格式,也称格式C,是非多种纤维纺织品的声明书,亦称否定式声明,适用于主要价值或主要重量是属于麻或丝的原料,或其中所含羊毛量不超过17%的纺织品。

(7) 检验证书(Inspection Certificate)

检验证书是由公证机构签发的证明商品检验结果的书面证明文件,一般由国家质量监督检验检疫部门指定的检验检疫机构包括设在各省、市、自治区的质量监督检验检疫局与其他专业检验机构出具。另外,如买卖双方同意,也可采用由出口商品的生产单位或进口商品的使用单位出具证明的办法。

(8) 其他单证(Other Documents)

其他单证是根据信用证条款规定而提供的。这些单证,有的是出口人自己制作的,有的是其他单位应出口人要求而出具的。其内容及签发的人均应符合信用证规定。常见的有:

①寄单证明(Beneficiary's Certificate for Despatch of Documents)。

②寄船样证明(Beneficiary's Certificate for Despatch of Shipment Samples)。

③装运通知副本(Copy of Shipping Advice)。

以上三种单据均由出口人自己缮制,并无固定格式。

④邮局收据(Post Receipt)或快递收据(Courier Receipt)。

该单据须由受益人在以邮寄或快递方式对外寄出货物、样品或单据时,向邮局或快递机构索取。

⑤有关运输方面的证明,如船籍或船程证明、船龄证明、船级证明等,受益人应向船

公司或其代理索取。

3. 交单结汇

出口方在货物装船出境并取得各种单据后，应及时向银行办理交单结汇手续。

交单是指出口人在信用证交单到期日前和交单期限内向指定银行提交符合信用证条款规定的单据。这些单据经银行审核确认无误后，根据信用证规定的付款条件，由银行办理出口结汇。

我国出口结汇的做法有三种：收妥结汇、押汇、定期结汇。

（1）收妥结汇

收妥结汇又称收妥付款，是指议付行收到外贸公司的出口单据后，经审核无误，将单据寄交国外索取货款，待收到付款行将货款拨入议付行账号的贷项通知书（Credit Note）时，既按当时的外汇牌价，折成人民币拨给外贸公司。

（2）押汇

押汇又称买单结汇，是指议付行在审核单据无误的情况下，按信用证条款买入受益人（外贸公司）的汇票和单据，从票面金额中扣除从议付日到估计票款收到之日的利息，将余款按议付日外汇牌价折成人民币，拨给外贸公司。议付行向受益人垫付资金，买入跟单汇票后，即成为汇票持有人，可凭票向付款行索取票款。银行同意做出口押汇，是为了对外贸公司提供资金融通，有利于外贸公司的资金周转。

由于银行接受押汇时，只凭信用证和出口企业提供的单据，对押汇银行来说有一定风险。所以，接受押汇的银行都规定办理出口押汇的条件：

①开证行资信良好；

②单证相符。银行要求受益人提供的单据应做到"单单相符、单证相符"，不能出现不符点；

③开证行所在国或地区政局稳定，不存在经济危机和外汇不充足的情况。

（3）定期结汇

定期结汇是议付行根据向国外付款行索偿所需时间，预先确定一个固定的结汇期限，到期后主动将票款折成人民币拨交外贸公司。

从这三种结汇的做法中，我们可以看出，开证行只有在审核单据与信用证完全相符后，才能承担付款责任。如果我们提交的单据有任何不符，都会遭到开证行的拒付。所以，结汇单据的缮制是否正确完备，直接影响到我们安全迅捷的收汇。

在实际业务中，由于主、客观原因，以致发生单、证不符的情况是难以完全避免的。倘若有较充足的时间改单或改证，做到单证相符，可以确保安全收汇。倘若限于时间，无法在信用证交单到期日和交单期限内做到单、证相符，可根据实际情况灵活处理。例如，不符点并不严重，则可在征得信用证的开证申请人同意的前提下，由受益人出具保证书请求议付行"凭保议付"，声明如国外开证行拒付，由受益人自行负责，同时电请信用证的开证申请人迅即授权开证行付款。如单证不符情况较为复杂，可请议付行电告开证行单据中的不符点，征得开证行同意后议付，然后对外寄单。这种方式在我国银行业务中习称"电提"。倘若议付行对不符单据不办理议付或经电提开证行不同意付款，那么就只能改做跟证托收。值得注意的是，凭保议付与跟证托收已失去信用证的银行信用保证，对出口人十分不利，即使出口人事先已取得进口人的同意，也有可能仍被拒付。所以不宜轻易使用。而跟证托收已完全改为托收方式，除已无银行信用可言外，甚至比一般的托收风险更大，因为跟证托收通常是在开证行拒绝接受存在不符点的单据后办理的，开证行不接受单据的实质是开证申请人拒绝接受。因此等到开证行向开证人提示汇票与单据时，大都会遭到进口人的拒付。所以，除非确有把握或万不得已，决不能轻易采用这种方式。

此外，在单据经开证行审核被发现有不符点，并确属我方责任，除需抓紧时间与进口人联系商榷办法外，还需做必要的准备，采取补救措施（如将货物转卖、运回国内等），以防止造成更大的经济损失。

如上所述，在信用证支付条件下，受益人（出口人）为了安全收汇必须做到"单证一致"和"单单一致"。但不能疏忽的是，出口人还需承担买卖合同规定的义务。所以，出口人在履行合同时除了要做到"单证一致"和"单单一致"外，还必须做到所交付的货物与合同的规定一致，货物与单据一致，即"货同一致"、"单货一致"。这样环环扣紧，才能保证安全收汇，并避免买方收到货物后提出异议或索赔。

☆Case：
我某外贸公司以信用证方式出口 3000 套运动服到新加坡，货物装船后，提交整套单据到议付行，经审核，符合"单证一致"和"单单一致"，于是议付行就对信用证的受益人（出口商）进行了议付，不久议付行也得到了开证行的偿付。但当开证申请人（进口商）收到货物时发现运动服使用的面料与单证及合同上所列的并不相同，于是开证申请人（进口商）便以"单货不一致"、"货同不一致"为由要求出口商退还已得的款项并赔偿相应的损失。请问：进口商的这一要求是否合理？为什么？

五、操作示范

公司业务员陈明经过多方比较，最终选择了宁波天明制衣有限公司作为供货工厂，并跟其签订了购货合同，并派跟单员到该厂进行跟踪，在收到客户的信用证后进行审核，发现信用证中有软条款，在与客户进行沟通后同意修改，在货备好后，指示单证部安排运输、保险和通关事宜，并按信用证要求制单结汇。在出运 10 天后及时收回了货款。整个合同履行了完毕。

六、跟学训练

1. 根据所给的合同条款审核信用证并提出修改意见。
2010 年 8 月 3 日签订的第 10/268 号合同主要条款：

卖方：宁波服装进出口公司

买方：Messrs J. Handerson Co., New York City, U.S.A.

商品名称及数量：1000 打丝织女式衬衫

单价：每打 52.50 美元成本加保险费加运费纽约，含佣金 3%

总金额：52500 美元

交货期：2010 年 11 月份由中国港口装运，可转运，但不可分批装运

交付条款：不可撤销即期信用证付款，议付有效期为最后装船期 15 天内在中国到期

THE STANDARD CHARTERED BANK
NEW YORK, USA
NO. 645/10
DATE: OCT. 18, 2010
DOCUMENTARY LETTER OF CREDIT IRREVOCABLE
TO: NINGBO GARMENTS IMP. &EXP. CORP., NINGBO, ZHEJIANG, CHINA
ADVISNG BANK: BANK OF CHINA, NINGBO BRANCH, NINGBO, ZHEJIANG, CHINA

DEAR SIRS:

YOU ARE AUTHORIZED TO DRAW ON MESSRS. J. HANDERSON &CO. FOR A SUM NOT EXCEEDING US＄5 1500（SAY U.S. DOLLARS FIFTYONE THOUSAND FIVE HUNDRED ONLY）AVAILABLE BY DRAFT DRAWN IN DUPLICATE ON THEM AT 60DAYS AFTER SIGHT, ACCOMPANIED BY THE FOLLOWING DOCUMENTS:

（1）FULL SET OF CLEAN ON BOARD BILLS OF LADING MADE OUT TO ORDER AND BLANK ENDORSED, MARKED "FREIGHT PREPAID" COVERING 1000 DOZEN SILK BLOUSES.

（2）SIGNED COMMERCIAL INVOICE IN TRIPLICATE, INDICATING S/C NO. 10/268 DATED AUGUST 3, 2010.

（3）ONE ORIGINAL INSURANCE POLICY/CERTIFICATE.

SHIPMENT FROM CHINA PORT TO NEW YORK CITY, USA.

SHIPMENT IS TO BE EFFECTED BEFORE NOVEMBER 30, 2010, WITH PARTIAL SHIPMENTS AND TRANSHIPMENT PROHIBITED.

THIS CREDIT EXPIRES ON DECEMBER 10, 2010 IN CHINA.

2. 将学生分成 4 人一组，2 人为买方，2 人为卖方。要求学生到图书馆、资料室、网上或公司搜集商品信息，每组选择一种资料翔实，较为熟悉的商品作为合同标的，从建立

业务开始到制单结汇全部完成，模拟一笔业务的运作，设定的条件是以 CIF 条件成交，信用证方式付款。

七、课外拓展

1. 作为出口方，在履行出口合同中要做到哪几个一致？为什么？
2. 为什么要催证、审证和改证？
3. 审证的依据和内容是什么？
4. 有关信用证的修改，受益人应注意哪些内容？
5. 出口业务中的单据主要有哪些？在缮制这些单据时应注意哪些问题？
6. 凭信用证向银行办理出口贷款结算时，银行的结汇办法有几种？哪一种对出口人有利？为什么？
7. 我某外贸公司出口一批服装，买卖合同与信用证均规定为 CIF 条件，货物装运后，出口企业在向轮船公司支付全额运费后，取得了由船公司签发的已装船清洁提单。但制单人员在提单上漏打了"FREIGHT PREPAID"字样。当时正遇市场价格下跌，开证银行根据开证申请人意见，以所交单据与信用证不符为由拒付货款。后几经交涉，最终以减价了案。对此，试予以评论。
8. 我某外贸公司 A 从意大利 B 公司进口一批高档西服面料，价值 30 万美元，合同规定以信用证方式付款，A 公司按合同规定开出信用证，开证行在信用证有效期内收到通知行寄来的单据，经审查认为单据完全符合信用证，便及时对外付了款。货到后，A 公司发现箱内装的全是服装下脚料，根本没有所要的高档西服面料。A 公司后悔莫及。请问：A 公司在此事件中应汲取什么教训？
9. 上海某外贸公司与外商签订一份出口合同，规定出口服装面料 1200 万米，7～12 月每月各装运 200 万米，不可撤销即期信用证付款，装运月份开始前 15 天买方负责将信用证开至卖方。买方按约如期于 6 月 15 日将信用证开给卖方，经审查信用证总量与总金额以及其他条款均与合同规定一致，但装运条款仅规定"允许分批"和最后装运日期为 12 月 31 日。由于出口企业备有库存现货，为争取早出口、早收汇，遂先后于 7 月 20 日和 10 月 5 日将货物分两批各 600 万米装运出口，由于提交的单据符合信用证条款规定，付款行及时履行了付款义务。但事后不久，收到国外进口人电传，声称我出口公司违反了合同，提出索赔。对此，你认为应如何处理？

表 8-1 订舱委托书

出口货物订舱委托书

日期

1) 发货人	4) 信用证号码	
	5) 开证银行	
	6) 合同号码	7) 成交金额
	8) 装运口岸	9) 目的港
2) 收货人	10) 转船运输	11) 分批装运
	12) 信用证有效期	13) 装船期限
	14) 运费	15) 成交条件
	16) 公司联系人	16) 电话/传真
3) 通知人	18) 公司开户行	19) 银行账号
	20) 特别要求	

21) 标记唛码　22) 货号规格　23) 包装件数　24) 毛重　25) 净重　26) 数量
27) 单价　28) 总价

29) 总件数　30) 总毛重　31) 总净重　32) 总尺码　33) 总金额
34) 备注

表 8-2　装货单

中国外轮代理公司
CHINA OCEAN SHIPPING AGENCY
装货单
SHIPPING ORDER　　　S/O NO. _____

船名　　　　　　　　　　　　　　　　　目的港
S/S _____　For _____

托运人
Shipper _____

受货人
Consignee _____

通知
Notify _____

兹将下列完好状况之货物装船并签署收货单据。
Received on board the under mentioned goods apparent in good order and condition and sign the accompanying receipt for the same.

标记及号码 Marks & Nos.	件数 Quantity	货名 Description of Goods	毛/净重量（千克） Weight In Kilos		尺码 Measurement 立方公尺 CBM
			Net	Gross	
共计件数（大写） Total Number of Packages in writing					

日期　　　　　　　　　　　　　　　　　时间
Date _____　Time _____

装入何舱
Stowed _____

实收
Received _____

理货员签名　　　　　　　　　　　　　　经办员
Tallied By _____　Approved By _____

表8-3 收货单

中国外轮代理公司
CHINA OCEAN SHIPPING AGENCY
收货单
MATES RECEIPT   S/O NO. _____

船名   目的港
S/S _____   For _____

托运人
Shipper _____

受货人
Consignee _____

通知
Notify _____

兹将下列完好状况之货物装船并签署收货单据。
Received on board the under mentioned goods apparent in good order and condition and sign the accompanying receipt for the same.

标记及号码 Marks & Nos.	件数 Quantity	货名 Description of Goods	毛/净重量（千克） Weight In Kilos		尺码 Measurement 立方公尺 CBM
			Net	Gross	
共计件数（大写） Total Number of Packages in writing					

日期   时间
Date _____   Time _____

装入何舱
Stowed _____

实收
Received _____

理货员签名   大副
Tallied By _____ Chief Officer _____

表8-4 报关单

中华人民共和国海关出口货物报关单

预录入编号： 海关编号：

出口口岸		备案号		出口日期		申报日期	
经营单位		运输方式		运输工具名称		提运单号	
发货单位		贸易方式		征免性质		结汇方式	
许可证号		运抵国（地区）		指运港		境内货源地	
批准文号		成交方式	运费		保费		杂费
合同协议号		件数		包装种类	毛重（千克）		净重（千克）
集装箱号		随附单据			生产厂家		

标记唛码及备注

项号	商品编号	商品名称、规格型号	数量及单位	最终目的国（地区）	单价	总价	币制	征免

税费征收情况

录入员	录入单位	兹声明以上申报无讹并承担法律责任	海关审单批注及放行日期（签章）	
报关员			审单	审价
		申报单位（签章）	征税	统计
单位地址				
			查验	放行
邮编 电话		填制日期		

表8-5 汇票

BILL OF EXCHANGE								
凭 Drawn Under			不可撤销信用证 Irrevocable		L/C No.			
日期 Date			支取 Payable With interest	@	%	按	息	付款
号码 No.	汇票金额 Exchange for							
	见票 at		日后（本汇票之副本未付）付交 sight of this FIRST of Exchange (Second of Exchange					
Being unpaid) Pay to the order of								
金额 the sum of								
此致 To								

表 8 - 6　商业发票

ISSUER	COMMERCIAL INVOICE	
TO		
	NO.	DATE
TRANSPORT DETAILS	S/C NO.	L/C NO.
	TERMS OF PAYMENT	

Marks and Numbers	Number and kind of package Description of goods	Quantity	Unit Price	Amount

Total：

SAY TOTAL：

表8-7 装箱单

EXPORTER	装箱单 PACKING LIST					
TO						
	INVOICE NO.		DATE			
Marks and Numbers	Number and kind of package Description of goods	Quantity	Package	G. W	N. W	Meas.
TOTAL:						
SAY TOTAL:						

表 8-8　提单

| Shipper | BILL OF LADING | B/L No： |

| Consignee | |

COSCO

中 国 远 洋 运 输 公 司
CHINA OCEAN SHIPPING COMPANY

| Notify Party | |

* Pre carriage by	* Place of Receipt	ORIGINAL
Ocean Vessel Voy. No.	Port of Loading	
Port of discharge	* Final destination	Freight payable at	Number original Bs/L
Marks and Numbers	Number and kind of packages； Description	Gross weight	Measurement m3

TOTAL PACKAGES （IN WORDS）

Freight and charges

Place and date of issue

Signed for the Carrier

* Applicable only when document used as a Through Bill of Loading

表 8-9 保单

中国人民保险公司
THE PEOPLE'S INSURANCE COMPANY OF CHINA

总公司设于北京　　一九四九年创立
Head office：BEIJING　　Established in 1949

保 险 单　　　　　　　　　保险单号次
INSURANCE POLICY　　　　　POLICY NO.

中 国 人 民 保 险 公 司 （ 以 下 简 称 本 公 司 ）
THIS POLICY OF INSURANCE WITNESSES THAT THE PEOPLE'S INSURANCE COMPANY OF CHINA （HEREINAF-TER CALLED "THE COMPANY"）

根　　据
AT THE REQUEST OF_____ 1)_____
（ 以 下 简 称 被 保 险 人 ） 的 要 求 , 由 被 保 险 人 向 本 公 司 缴 付 约
(HEREINAFTER CALLED "THE INSURED") AND IN CONSIDERATION OF THE AGREED PREMIUM PAID TO THE COMPANY BY THE COMPANDY BY
定 的 保 险 , 按 照 本 保 险 单 承 保 险 别 和 背 面 所 载 条 款 下 列
THE INSURED UNDERTAKES TO INSURE THE UNDERMENTIONED GOODS IN TRANSPORTATION SUBJECT TO THE CONDITIONS OF THIS
特 款 承 保 下 述 货 物 运 输 保 险 , 特 立 本 保 险 单
POLICY AS PER THE CLAUSES PRINTER OVERLEAF AND OTHER SPECIAL CLAUSES ATTACHED HEREON

标　记 MARKS NOS	包装及数量 QUANTITY	保险货物项目 DESCRIPTION OF GOODS	保险金额 AMOUNT INSURED
2)	3)	4)	5)

总 保 险 金 额
TOTAL AMOUNT INSURED:_____ 6)_____
保费　　7)　　　费率　　8)　　装 载 运 输 工 具　　　　　　RATE AS ARRANGED
PREMIUM AS ARRANGED
PER CONVEYANCE SS. _____ 9)_____
开 航 日 期　10)　　　　自　　　　　　至
SLG. ON OR ABT.　　AS PER BILL OF LADING　　FROM_____ 11)_____ TO_____ 12)_____
承 保 险 别：CONDITION
13)

所保货物, 如遇出险, 本公司凭本保险单及其他有关证件给付赔款。
CLAIMS, IF ANY, PAYABLE ON SURRENDER OF THE POLICY TOGETHER WITH OTHER RELEVANT DOCUMENTS
所保货物, 如发生本保险单项下负责赔偿的损失或事故,
IN THE EVENT OF ACCIDENT WHEREBY LOSS OR DAMAGE MAY RESULT IN A CLAIM UNDER THIS POLICY IMMEDIATE NOTICE
应 立 即 通 知 本 公 司 下 述 代 理 人 查 勘 。
APPLYING FOR SURVEY MUST BE GIVEN TO THE COMPANY'S AGENT AS MENTIONED HEREUNDER:
14)

中国人民保险公司上海分公司
THE PEOPLE'S INSURANCE COMPANY OF CHINA
SHANGHAI BRANCH

赔款偿付地点
CLAIM PAYABLE AT/IN_____ 15)_____
日期　　　　　上海
DATE　16)　　　SHANGHAI　　　　　　　　　　　　　　**General Manager**
地址：中国上海中山东一路 23 号　　TEL：3234305 3217466-44　　Telex：33128 PICCS CN.
Address: 23 Zhongshan Dong Yi Lu Shanghai, China. Cable: 42001 Shanghai

表 8-10 一般原产地证

1. Exporter	Certificate No.
	CERTIFICATE OF ORIGIN
2. Consignee	**OF**
	THE PEOPLE'S REPUBLIC OF CHINA
3. Means of transport and route	5. For certifying authority use only
4. Country / region of destination	

6. Marks and numbers	7. Number and kind of packages; description of goods	8. H. S. Code	9. Quantity	10. Number and date of invoices

11. Declaration by the exporter	12. Certification
The undersigned hereby declares that the above details and statements are correct, that all the goods were produced in China and that they comply with the Rules of Origin of the People's Republic of China.	It is hereby certified that the declaration by the exporter is correct.
Place and date, signature and stamp of authorized signatory	Place and date, signature and stamp of certifying authority

表 8-11　普惠制产地证 FORM A

1. Goods consigned from （Exporter's business name, address, country）	Reference No. GENERALIZED SYSTEM OF PREFERENCES CERTIFICATE OF ORIGIN （Combined declaration and certificate） FORM A Issued in　THE PEOPLE'S REPUBLIC OF CHINA （country） See Notes overleaf
2. Goods consigned to （Consignee's name, address, country）	
3. Means of transport and route （as far as known）	4. For official use
5. Item number　6. Marks and numbers of packages　7. Number and kind of packages; description of goods　8. Origin criterion （see Notes overleaf）　9. Gross weight or other quantity　10. Number and date of invoices	
11. Certification 　It is hereby certified, on the basis of control carried out, that the declaration by the exporter is correct. Place and date, signature and stamp of certifying authority	12. Declaration by the exporter 　The undersigned hereby declares that the above details and statements are correct, that all the goods were produced in　---------------------------- 　　　　　　　　（country） and that they comply with the origin requirements specified for those goods in the Generalized System of Preferences for goods exported to ---------------------------- Place and date, signature and stamp of authorized signatory

学习情境九：服装出口业务善后

一、学习目标

1. 能力目标
（1）能与银行、外汇管理局、国税局进行协调沟通，达到预期经济目标
（2）能做好本次外贸出口业务的总结和归档
（3）能做到争议的事先防范；若发生争议，也能妥善处理和解决
（4）能做好客户的售后服务、回访工作，保持客户资源的稳定

2. 知识目标
（1）了解出口收汇核销的程序
（2）熟悉争议的预防和解决的方法
（3）认识客户的售后服务、回访的重要性

二、工作情景

宁波威联进出口贸易有限公司（NINGBO WEILIAN IMPORT AND EXPORT TRADING CO., LTD.）在结汇之后，向美国 DEX 公司发函，表示对此次合作非常满意，并希望进一步发展业务关系，如果能加大订购货物的数量，将会给予其更多的价格优惠。

三、任务描述

工作任务一：出口收汇核销
工作任务二：出口退税
工作任务三：业务善后

要求：以陈明的身份，在制单结汇后，办理出口收汇核销，并办理退税工作，最后向进口商发一份善后函，以期保持良好的业务关系。

四、知识准备

进出口商在外贸活动中，应当依照国家外汇管理制度的要求结汇、用汇，银行对企业的收汇实行结汇、售汇制。国家为了保障银行结汇、售汇制度的执行，保证充足的外汇来源，满足用汇需要，在货物的进出口过程中，实行较为严格的收汇核销制度。对于用人民

币结算的业务来说，则不需要收汇核销。另外，一笔外贸业务完成之后，进出口商为了维护自身信誉以及长期的业务往来，要对该笔业务进行善后工作。要完成收汇核销、退税及业务善后任务，必须做好以下知识准备：

(一) 出口收汇核销和出口退税

1. 出口收汇核销

(1) 出口收汇核销的概念

出口收汇核销是指国家外汇管理部门根据外汇管制的要求，通过海关对出口货物的监管，对出口单位的收汇是否符合国家规定而进行监督的一种管理制度。

按规定，对于一般贸易、易货贸易、租赁、寄售、展卖等一切出口贸易方式，只要涉及出口收汇，都必须进行出口收汇核销。但人民币结算的业务除外。

(2) 出口收汇核销的程序

出口收汇核销的凭证是"出口收汇核销单"(表9-1)。"出口收汇核销单"由国家外汇管理局制发，出口单位和受托行及解付行填写，海关凭此受理报关，外汇管理部门凭此核销收汇。它是出口收汇管理中最主要、最重要的一份单据，须经过海关审核和签章。该单由国家外汇管理局顺序编号。

表 9-1 出口收汇核销单样张

出口收汇核销单 存根	出口收汇核销单 监制章	出口收汇核销单 监制章	
（浙）编号： 出口单位： 单位编码： 出口币种总价： 收汇方式： 预计收款日期： 报关日期： 备注： 此单报关有效期截止到	（浙）编号： 出口单位： 单位编码： （出口单位盖章） 银行签注栏：类别 / 币种金额 / 日期 / 盖章 海关签注栏： 外汇局签注栏 年 月 日（盖章）	（浙）编号： 出口单位： 单位编码： （出口单位盖章） 货物名称 / 数量 / 币种总价 报关单编号： 外汇局签注栏 年 月 日（盖章）	未经核销此联不得撕开

企业在到外汇管理局领取新版纸质核销单之前，须上网向外汇局申请所需领用核销单份数。企业在网上申请后，无须等待外汇局的网上审批，即可凭本企业操作员 IC 卡到外汇局领取新版纸质核销单。外汇局根据企业网上申请的新版核销单份数以及本地出口收汇核销系统确认的企业可领单数量，向企业发放纸质新版核销单，同时将所发新版核销单电子底账数据联网存放到公共数据中心。

出口单位在核销单正式使用前，应当加盖单位名称及组织机构代码条形章，在骑缝处加盖单位公章，并将单号到网上进行备案后方可使用，否则视为无效单。

出口收汇核销一般按下列程序进行：

①申领核销单。有出口收汇货物的单位，应到当地外汇管理部门申领外汇管理部门加盖"监督收汇章的核销单"。

②向海关申报。出口单位持核销单及其他有关单据向海关进行申报，海关凭核销单放行货物。

③办理收汇手续。货物出口后，出口单位将海关签章后退交的核销单、报关单及其他有关单据送银行办理收汇手续。

④核销收汇。银行收汇后，出口单位将银行签章的核销单、结汇单或收账通知等有关证明文件送外汇管理部门，由其核销该笔收汇。

假如出口单位报关后，货物因故未能出口，要求退关时，海关在核销单上签注意见并盖章，由出口单位退外汇管理部门注销该核销单及其存根。

在实际工作中，为了简化手续，外商投资企业的出口货物可每月定期办理收汇核销手续。对于外汇管理部门批准自寄单据（指不通过银行交单索汇）项下的出口，向银行结汇时不必提交核销单。以信用证、托收方式出口，可以不凭核销单向银行交单议付，但须提供一联注有核销单编号的发票。

2. 出口退税

1985 年 3 月，国务院正式颁发了《关于批转财政部〈关于对进出口产品征、退产品税或增值税的规定〉的通知》，规定从 1985 年 4 月 1 日起实行对出口产品退税政策。1994 年 1 月 1 日起，随着国家税制的改革，我国改革了已有退还产品税、增值税、消费税的出口退税管理办法，建立了以新的增值税、消费税制度为基础的出口货物退（免）税制度。

（1）出口退税的概念

出口退税是指国家为了帮助出口企业降低成本，增加出口产品在国际市场上的竞争力，鼓励出口创汇，而实行的由国家税务机构退还出口商品国内税的措施。

目前，大多数国家对本国的出口商品都实行退还国内税政策。它的作用主要是扩大出口，增加本国产品的市场竞争力。因为从进口国角度讲，由于进口商品在其国内消费，一般都要征收国内税，所以如果出口国不对国内商品实行退税，必然会影响其商品的出口成本，不利于本国商品在国际市场的竞争。

我国实行的出口退税政策所要退的税，是出口商品出口前在国内已缴纳的增值税和消费税，由生产企业直接出口的商品既不征税，也不退税。

(2) 出口退税的特点

我国的出口货物退（免）税制度是参考国际上的通行做法，在多年实践基础上形成的、自成体系的专项税收制度。这项新的税收制度与其他税收制度比较，有以下几个主要特点：

①它是一种收入退付行为。税收是国家为满足社会公共需要，按照法律规定，参与国民收入中剩余产品分配的一种形式。出口货物退（免）税作为一项具体的税收制度，其目的与其他税收制度不同。它是在货物出口后，国家将出口货物已在国内征收的流转税退还给企业的一种收入退付或减免税收的行为，这与其他税收制度筹集财政资金的目的显然是不同的。

②它具有调节职能的单一性。我国对出口货物实行退（免）税，意在使企业的出口货物以不含税的价格参与国际市场竞争。这是提高企业产品竞争力的一项政策性措施。与其他税收制度鼓励与限制并存、收入与减免并存的双向调节职能比较，出口货物退（免）税具有调节职能单一性的特点。

③它属间接税范畴内的一种国际惯例。世界上有很多国家实行间接税制度，虽然其具体的间接税政策各不相同，但就间接税制度中对出口货物实行"零税率"而言，各国都是一致的。为奉行出口货物间接税的"零税率"原则，有的国家实行免税制度，有的国家实行退税制度，有的国家则退、免税制度同时并行，其目的都是对出口货物退还或免征间接税，以使企业的出口产品能以不含间接税的价格参与国际市场的竞争。出口货物退（免）税政策与各国的征税制度是密切相关的，脱离了征税制度，出口货物退（免）税便将失去具体的依据。

(3) 出口退税条件

①必须是增值税、消费税征收范围内的货物。增值税、消费税的征收范围，包括除直接向农业生产者收购的免税农产品以外的所有增值税应税货物，以及烟、酒、化妆品等11类列举征收消费税的消费品。

之所以必须具备这一条件，是因为出口货物退（免）税只能对已经征收过增值税、消费税的货物退还或免征其已纳税额和应纳税额。未征收增值税、消费税的货物（包括国家规定免税的货物）不能退税，以充分体现"未征不退"的原则。

②必须是报关离境出口的货物。所谓出口，即输出关口，它包括自营出口和委托代理出口两种形式。区别货物是否报关离境出口，是确定货物是否属于退（免）税范围的主要标准之一。凡在国内销售、不报关离境的货物，除另有规定者外，不论出口企业是以外汇还是以人民币结算，也不论出口企业在财务上如何处理，均不得视为出口货物予以退税。

对在境内销售收取外汇的货物，如宾馆、饭店等收取外汇的货物等，因其不符合离境出口条件，均不能给予退（免）税。

③必须是在财务上作出口销售处理的货物。出口货物只有在财务上做销售处理后，才能办理退（免）税。也就是说，出口退（免）税的规定只适用于贸易性的出口货物，而对非贸易性的出口货物，如捐赠的礼品、在国内个人购买并自带出境的货物（另有规定者除外）、样品、展品、邮寄品等，因其一般在财务上不作销售处理，故按照现行规定不能退（免）税。

④必须是已收汇并经核销的货物。按照现行规定，出口企业申请办理退（免）税的出口货物，必须是已收外汇并经外汇管理部门核销的货物。

一般情况下，出口企业向税务机关申请办理退（免）税的货物，必须同时具备以上四个条件。但是，生产企业（包括有进出口经营权的生产企业、委托外贸企业代理出口的生产企业、外商投资企业，下同）申请办理出口货物退（免）税时必须增中一个条件，即申请退（免）税的货物必须是生产企业的自产货物（外商投资企业经省级外经贸主管部门批准收购出口的货物除外）。

（4）出口退税的范围

①下列企业出口属于增值税、消费税征收范围货物可办理出口退（免）税，除另有规定外，给予免税并退税：

a. 有出口经营权的内（外）资生产企业自营出口或委托外贸企业代理出口的自产货物；

b. 有出口经营权的外贸企业收购后直接出口或委托其他外贸企业代理出口的货物；

c. 生产企业（无进出口权）委托外贸企业代理出口的自产货物；

d. 保税区内企业从区外有进出口权的企业购进直接出口或加工后再出口的货物；

以上"出口"是指报关离境，退（免）税是指退（免）增值税、消费税，对无进出口权的商贸公司，借权、挂靠企业不予退（免）税。上述"除另有规定外"是指出口的货物属于税法列举规定的免税货物或限制、禁止出口的货物。

②贸易方式与出口退（免）税。出口企业出口货物的贸易方式主要有一般贸易、进料加工、易货贸易、来料加工（来件装配、来样加工）补偿贸易（现已取消），对一般贸易、进料加工、易货贸易、补偿贸易可以按规定办理退（免）税，易货贸易与补偿贸易与一般贸易计算方式一致；来料加工免税。

（5）出口退税的做法

申请出口退税的出口企业，在向海关申报时，除正常单据外，还应提供一份与普通出口货物报关单格式一致的浅黄色"出口退税报关单"。货物出口后（指装载出口货物的运输工具办结海关手续）15日内，出口企业向海关申领"出口退税报关单"，凭此办理出口退税手续。

出口企业向税务机关申请退税，须提供"两单两票"。即海关盖有"验讫章"的出口货物报关单、银行的出口结汇水单、出口销售发票和出口产品购进发票。另外，出口企业必须每半年提供一次经当地外汇管理部门出具的"已核销"证明。只有所有单据齐全、准确，税务机关经审核无误后，才能退还已缴纳的国内税，这也是我国加强出口退税管理的一种手段。

如果出口货物发生退关或退运，有进出口权的企业应向原报关出口地海关交验当地主管出口退税的县级以上税务机关的证明，证明该批货物未办理出口退税或者所退税已退回税务机关，海关才准予办理退税手续。

（二）出口业务善后

出口业务善后是在一笔业务完成后，对此项业务进行归纳总结。这对于维护客户关系来说非常重要。一笔业务的达成，经常要经过很多的波折，因此，出口商总是希望能与对方建立长期的业务往来，业务善后做得好会增加客户对出口商的信任。出口业务善后主要做好以下工作：

1. 资料归档

主要是把业务过程中的文件以及往来函电，便于今后的进一步联系；整套的结汇单据及信用证，复印一份保存，便于将来发生争议时提供索赔证据；对于服装出口业务来说，大都凭样品成交，把样品保存好，将来双方就品质发生争议时，样品是重要的品质证明。

2. 向对方致函

在信函中表示感谢对方履行合同所作的努力，也可以展望未来，表达希望和对方继续扩大合作，建立长期业务往来的意愿，并可借此向对方推荐新产品。在函中可使用如下语句：

①We are glad to know that the issuing bank has honored our draft against L/C NO. A56.

②We hope this deal will be the basis of the further development of our business relationship.

③We can ensure that you will find the goods shipped to your entire satisfaction. We are looking forward to your repeat orders.

④We would like to take this opportunity to recommend to you our new products.

3. 善后函举例

以下是某出口企业收到货款后给德国客户 Daniela 的一封善后函，以此表示合作感谢。

Ningbo Baby berry Children Products Co., Ltd

Apr, 15, 2010

Dear Daniela,

It's my great pleasure that you make payment against L/C No. FLNL1NL10M4023 under Contract No. BBCC100805 in time. I can be sure that the goods shipped will meet your needs well. We believe this successful transaction will help our further mutual understanding and pave the way for more business cooperation in the future. Needless to say, with the development of our trade relations, there will be more interests to be discussed between us.

We are expecting your advice and looking forward to your favorable reply.

Sincerely yours,

五、操作示范

1. 宁波威联进出口贸易有限公司（NINGBO WEILIAN IMPORT AND EXPORT TRADING CO., LTD.）交单后10天收到货款、30天后拿到海关签章后退交的核销单和报关单（核销联），凭海关签章后退交的核销单和报关单的核销联、银行签章的核销单、结汇水单、发票等有关证明文件送宁波外汇管理局，及时进行了核销。

2. 然后陈明凭着"两单两票"即海关盖有"验讫章"的出口货物报关单、银行的出口结汇水单、出口销售发票和出口产品购进发票向宁波国税局申请退税，退税金额为：

HB0251 女士套头衫 2000 件，每件 100 元人民币 增值税 17%，退税率 16%

退税金额＝100/(1＋17%)×2000＝170940.17 元

HB0265 女士开襟羊毛衫 2000 件，每件 120 元人民币 增值税 17%，退税率 16%

退税金额＝120/(1＋17%)×2000＝205128.20 元

共计退税 376068.37 元人民币

3. 在一笔业务全部完成后，陈明进行了总结，认为在整笔业务中，准备工作充分、合同条款考虑得细致周到，履行阶段完全按照合同规定交货，结汇顺利，并写了一封感谢信，表达对美国 DEX 公司真诚合作的谢意，也希望双方进一步发展业务关系，今后会给美国 DEX 公司更多的价格优惠，并做好服务工作，以期双方成为长期合作伙伴。

于是，他向美国 DEX 公司发出一封信函，内容如下：

Dear John:

Thanks for your good cooperation in this deal and we are much satisfied with what you did for our delivery of goods smoothly. We hope this deal will be the basis of the further development of our business relationship. If you can place a larger order, we will quote you more favorable price.

Yours sincerely,

Ming Chen

六、跟学训练

1. 宁波海之伦服饰有限公司出口针织童装，货号 G11WF039：购货成本 35 元/套，共 500 套；货号 G11WF038：45 元/套，共 450 套。两款商品增值税 17%，退税率 16%，问该笔业务退税额是多少？

2. 某进出口公司 2010 年 9 月购进牛仔布料委托加工成服装出口，取得牛仔布料增值税专用发票一张，注明计税金额 10000 元（退税率为 16%）；取得服装加工费增值税专用发票注明金额 2000 元（退税率为 17%），问该企业当月应退税额为多少？

七、课外拓展

1. 我国为什么要采取出口收汇核销制？收汇核销的基本环节有哪些？
2. 办理出口退税需要哪些凭证？

参考文献

[1] 鲁丹萍. 国际贸易理论与实务 [M]. 2版. 北京：清华大学出版社，2009.
[2] 田运银. 国际贸易实务精讲 [M]. 北京：中国海关出版社，2010.
[3] 黎孝先，石玉川. 国际贸易实务 [M]. 北京：对外经济贸易大学出版社，2008.
[4] 张亚芬. 国际贸易实务 [M]. 北京：北京师范大学出版社，2011.
[5] 彭福永. 国际贸易实务教程 [M]. 上海：上海财经大学出版社，2009.
[6] 俞毅，徐锋. 国际贸易实务习题与解答 [M]. 北京：清华大学出版社，2009.
[7] 易露霞，方玲玲，陈原. 国际贸易实务双语教程 [M]. 2版. 北京：清华大学出版社，2010.
[8] 方士华. 国际贸易——理论与实务 [M]. 大连：东北财经大学出版社，2011.
[9] 苏宗祥，徐捷. 国际结算 [M]. 北京：中国金融出版社，2010.
[10] 刘振，庞虹. 国际结算 [M]. 北京：首都经济贸易大学出版社，2010.
[11] 周红军，阎之大. 国际结算函电实务 [M]. 北京：中国海关出版社，2010.
[12] 徐进亮，李俊. 国际结算实务与案例 [M]. 北京：机械工业出版社，2011.
[13] 帅建林. 国际贸易实务（英文版）[M]. 北京：对外经济贸易大学出版社，2008.
[14] 夏合群. 国际贸易实务模拟操作教程 [M]. 北京：对外经济贸易大学出版社，2008.
[15] 韩宝庆. 国际商法 [M]. 北京：机械工业出版社，2009.
[16] 郭燕，杨楠楠. 国际纺织品服装贸易与措施 [M]. 北京：人民出版社，2011.
[17] 马腾文. 服装贸易实务 [M]. 北京：化学工业出版社，2009.
[18] 刘嵩，曲丽君. 纺织服装外贸英文函电 [M]. 北京：中国纺织出版社，2008.
[19] 中华人民共和国海关总署 http：//www. customs. gov. cn/publish/portal0/
[20] 中华人民共和国商务部 http：//www. mofcom. gov. cn/
[21] 中国出口贸易网 http：//www. cnexpnet. com/